大师教你走中炮

DA SHI JIAO NI ZOU ZHONG PAO

赵玮 著

人民日报出版社

北京

图书在版编目（CIP）数据

大师教你走中炮 / 赵玮著 . -- 北京：人民日报出
版社 , 2020.9
ISBN 978-7-5115-6497-9

Ⅰ . ①大… Ⅱ . ①赵… Ⅲ . ①中国象棋—布局 (棋类
运动) Ⅳ . ① G891.2

中国版本图书馆 CIP 数据核字 (2020) 第 150212 号

书　　名：大师教你走中炮
　　　　　DASHI JIAONI ZOUZHONGPAO
作　　者：赵　玮

出 版 人：刘华新
选题策划：鹿柴文化
特约编辑：张文豪　赵永生
责任编辑：张炜煜　贾若莹
责任校对：白新月
装帧设计：阮全勇

出版发行：人民日报出版社
社　　址：北京金台西路 2 号
邮政编码：100733
发行热线：（010）65369509 65369512 65363531 65363528
邮购热线：（010）65369530 65363527
编辑热线：（010）65369509 65369514
网　　址：www.peopledailypress.com
经　　销：新华书店
印　　刷：三河市华润印刷有限公司
法律顾问：北京科宇律师事务所 010-83622312

开　　本：710mm×1000mm　　1/16
字　　数：285 千字
印　　张：20
版　　次：2020 年 9 月第 1 版
印　　次：2020 年 9 月第 1 次印刷

书　　号：ISBN 978-7-5115-6497-9
定　　价：48.00 元

目　录

第一章

顺炮直车对横车
红两头蛇急进河口马

黑入陷阱变

1. **炮二平五　炮8平5**

顺炮是目前少年棋手中采用较多的应对中炮的开局选择，尤以直车两头蛇对双横车最为流行。

2. **马二进三　马8进7**　3. **车一平二　车9进1**

4. **马八进七　车9平4**　5. **兵三进一　马2进3**

6. **兵七进一　车1进1**

黑双横车蓄势待发，红两头蛇马路灵活，至此形成经典的顺炮盘面。

7. **马三进四**　…………

跃马河口是较为积极主动的攻法，最早见于20世纪80年代中期，当时的结论认为此着不易控制局面。2010年之后，随着专业棋手老谱翻新，渐渐摸索出了红方可行之处。

7. …………　**车4进7**

黑方在此有两路变化，本节介绍车4进7的走法，另外一路选择为车4平6。

8. **炮八进二**　…………

河口掩护四路马，并留出车九进二掩护七路马的线路，攻守兼备，如随手马四进三踩兵，黑车 4 平 3，红方只能马七进六，黑车 3 退 3，马六进四，车 3 平 7，红方双马劳而无功，先手尽失。

8.⋯⋯⋯　卒 3 进 1

弃兵爆破，是黑方攻击红方阵型的常用手段，由此展开激战。

9.兵七进一　车 1 平 6

10.马四进三　车 6 进 3

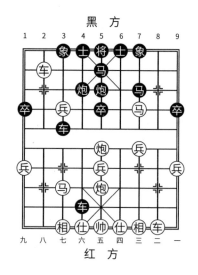

除了车 6 进 3 的选择，黑方还有车 6 进 2 的变化，后面章节会有详解。

11.兵七进一　马 3 退 5

12.炮八平五　车 6 平 3

13.车九平八　炮 2 平 4

14.车八进八　⋯⋯⋯（如图）

弃子抢攻，是当前局面下沿用已久的进攻战术，给黑方造成了极大的压力。

14.⋯⋯⋯　车 3 进 3　　15.车八平六　炮 5 进 3

不敢走车 3 退 4，红马三进五，象 7 进 5，炮五进三，马 5 退 7，车二进八，绝杀！

16.炮五进二　车 3 退 4

无奈的选择，如果走车 3 进 2，红士四进五，车 3 退 6，马三进五！象 7 进 5，炮五进三，马 5 退 7，车二进八，绝杀！

17.马三进五　车 4 平 6

唯一的解着。

18.车二进一　⋯⋯⋯

欺负黑方不敢吃车，否则马五进三成杀。

18.…………　车6退6　　19.炮五平八　…………

表面看红方已经是强弩之末，但是此着闪炮助攻相当精彩，牢牢抓住黑方窝心马的问题进行攻击。

19.…………　车3平2

唯一的解着，如走他着，红炮八进五，绝杀！

20.炮八平六　车2平4

如不走此着，只能动炮，一变炮4进7，红车二平六，车6平5，炮六退四，红方胜定；二变炮4平1，红车二平七，下伏马五进七和车七进八双重攻击，亦胜定。

21.炮六平八　…………

黑方如继续车4平2捉炮，红炮八平六，车2平4，炮六平八，黑方长抓炮，必须变着。

21.…………　象7进5　　22.炮八进五　炮4平1

23.车六退二　马5进3　　24.炮八平九

黑方为了解杀只能弃车，交换后清点战场，红方坐拥双车兵种之利，局面大优。

总结：红方弃子抢先，第十四回合车八进八和第十九回合的炮五平八是针对黑方窝心马打击获得子力优势的关键，这路变化非常实用，喜欢斗炮的爱好者可以在实战中尝试。

红破黑陷阱变

1. 炮二平五　炮8平5

2. 马二进三　马8进7

3. 车一平二　车9进1

4. 马八进七　车9平4

5. 兵三进一　马2进3

6. 兵七进一　车1进1

7. 马三进四　车4进7

8. 炮八进二　卒3进1

9. 兵七进一　车1平6

10. 马四进三　车6进3

11. 兵七进一　马3退5

12. 炮八平五　车6平3

13. 车九平八　炮2平4

14. 车八进八　车3进3

15. 车八平六　炮5平6　（如图）

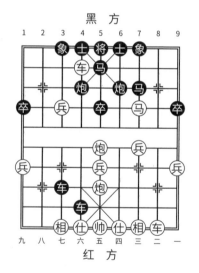

在上一局中，黑炮5进3变化不理想，此局中另起炉灶卸开头炮，是江

西的孙浩宇大师最早在比赛中下出的变化。

16. 车二进八　车 3 进 2

17. 仕四进五　车 3 退 6

18. 后炮平八

面对黑方卸中炮的应对，红方依然选择炮五平八，紧抓对方窝心马的弱点进行攻击，选点准确！

对大部分的爱好者来说，这步棋都会习惯性地选择车二平四，那么黑方顺势炮 4 平 2，红只能车六平八，黑车 4 退 6 防守，这样红攻势受阻，丢子形势落后。

18. …………　车 3 平 2

19. 炮八平七　…………

一个顿挫，消灭了黑方炮 4 平 2 闪击的企图，接下来再对黑窝心马展开攻击，次序井然。

19. …………　车 2 进 3

对于黑方来说，虽然多子，但子力被牵制住难以动弹，只能寄希望于打通中路赶走红炮。

20. 车二平四　车 2 平 5　　21. 炮五平八　…………

如果简单地车四退一得回失子，黑车 5 退 1，车四平六，车 4 退 6，车六退一，车 5 平 7，红方攻击力量不足，黑方反先。

21. …………　车 5 平 2　　22. 炮七平六　炮 4 平 1

另有两变，一变炮 4 平 3，红炮八平七，马 5 进 6（如象 3 进 1，红车四退一吃炮大优），炮六平五抽车红胜定；二变黑车 4 退 1，红士五进六，车 2 退 1，相三进五，将来红方有车四平七的攻击手段，黑方窝心马受制，也难抵挡。

23. 炮八平六　车 2 平 4

24. 车四退一　炮 1 进 4

25. 帅五平四　炮 1 进 3

26. 帅四进一　炮 1 退 1

27. 帅四退一

黑方不能长杀，接下来红方有车四平六的攻杀手段，黑方难以抵挡。

总结：黑方卸中炮的走法具有很强的迷惑性，是典型的布局陷阱，棋友们可以通过这一节的学习更好地理解此路红方攻法的要点，炮五平八的构思和上局如出一辙，先巩固后防再图进取，优势可期。

黑车4平7入陷阱变

1. 炮二平五　炮 8 平 5　　2. 马二进三　马 8 进 7

3. 车一平二　车 9 进 1　　4. 马八进七　车 9 平 4

5. 兵三进一　马 2 进 3　　6. 兵七进一　车 1 进 1

7. 马三进四　车 4 进 7　　8. 炮八进二　卒 3 进 1

9. 兵七进一　车 1 平 6　　10. 马四进三　车 6 进 2（如图）

除了车 6 进 3，车 6 进 2 也是很常见的黑方的选择。

11. 兵三进一 ⋯⋯⋯⋯⋯

非常自然地进兵，给黑方设下了陷阱。

11. ⋯⋯⋯⋯⋯ 车 4 平 7

无法拒绝的诱惑，把红方的马兵连根拔起，看起来黑方的前景是非常乐观的，除了此着，黑方还有一个选择是卒 5 进 1 从中路进击，我们将会在下一节给大家介绍。

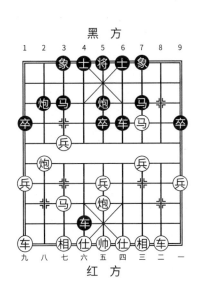

黑　方

红　方

12. 炮八进二　卒 5 进 1

肯定不能车 6 进 2 躲开，红马三进五交换后再兵三进一直冲，黑方无法忍受。

13. 兵七进一　…………

红方开始了进攻的步伐，献兵！

13.…………　车 6 平 3　　14. 马三退五　车 3 平 5

肯定是不敢车 3 平 2 吃炮的，红马五进四再车二进八连杀，这步车放中间看上去也很好，同时攻击红方的马炮，但是……

15. 马五退四

非常实用的双击战术，让黑方付出了惨痛的代价，得车之后，红方取得了明显的优势。

总结：此变短小精悍，构思精巧，丰富了红方在此局面下的进攻路线，也给执黑的棋友提出了难题，黑方车 6 进 2 的变化究竟能不能与红方相抗衡呢？下一节我们见分晓。

黑车6进2变

1. 炮二平五　炮 8 平 5

2. 马二进三　马 8 进 7

3. 车一平二　车 9 进 1

4. 马八进七　车 9 平 4

5. 兵三进一　马 2 进 3

6. 兵七进一　车 1 进 1

7. 马三进四　车 4 进 7

8. 炮八进二　卒 3 进 1

9. 兵七进一　车 1 平 6

10. 马四进三　车 6 进 2

11. 兵三进一　卒 5 进 1（如图）

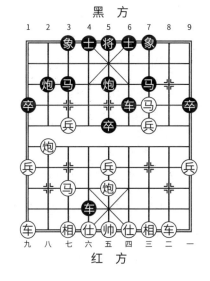

这一节介绍黑卒 5 进 1 的变化，此着活通双马，欲谋求中路的反击。

12. 车九进一　

攻守兼备，早期棋手多选择炮八平七，黑马 3 进 5，炮七进五，士 4 进 5，对攻之中红方难以控制局面。

12.·········· 　　车4退1

如选择车4平1，红马七退九，马3进5，兵七平六，车6进2，炮八进一，马5进7，车二进五，红方主动。

13.车九平七　马3进5　　14.士四进五　车4退1

15.炮八平二·········

甩炮进攻，放弃过河兵，是红方占据优势的关键！如选择兵七进一，黑炮2进2反击，局面依然混乱。

15.·········· 　　车4平3

另有两变，一变黑马5进3，红马七进八，车4退1，车七进四，车4平2，炮二进二红方大优；二变黑炮2平3，红兵七进一，炮3退1，炮二进二，车6进2，马三进五，象3进5，兵三进一，马5进3，兵三进一，马3进2，车七平八，炮3进6，炮五进三，士4进5，炮二进三，车4平5，相三进五，对攻之中，红方明显占优。

16.兵七平六　炮2平3

如改走卒5进1，红兵六进一，马5进4（如马5进6，红炮五进二，士4进5，兵六进一大优），炮五进二，士4进5，炮二平六先吃一马，黑方损失惨重。

17.兵六进一　炮3进5　　18.兵六平五　车6平5

不能马7进5，红炮二进二又得一子。

19.相七进九

避开黑方抽车的手段，红方多兵且位置较好，黑方不行。

总结： 从演变的进程来看，黑方车6进2的变化，由于物质力量损失过大，又没有足够的攻势补偿，难免落入下风。在红方的行棋过程当中，棋迷朋友们尤其要注意红方炮的运用，适时地弃回过河兵来制造战术闪击，是红方开局获得优势的关键。

黑车4平6变1

1. 炮二平五　炮8平5　　2. 马二进三　马8进7

3. 车一平二　车9进1　　4. 马八进七　车9平4

5. 兵三进一　马2进3　　6. 兵七进一　车1进1

7. 马三进四　车4平6　（如图）

平车捉马，步数上有所损失，但也可以这么走，试探红方的应手。

8. 马四进三　…………

通过实战锤炼出最佳的一步应着，另有两变分列如下，一变红炮八进二，黑卒3进1反击，红炮五平四，炮5平6，马四进五（马四进六，黑炮6进7，红藩篱尽毁），炮6平5，黑方得子；二变红马四进六，黑车1平3，马六退八（避免黑卒3进1的反击），炮2进5，炮五平八，卒5进1，红马步数迂回，黑方势力不错。

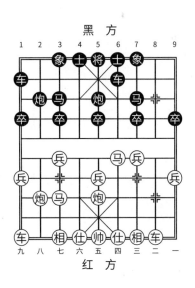

8.………… 车6进2　　9.兵三进一 …………

较为新颖的着法！以往多走炮五平三，黑卒5进1，红士六进五，卒5进1，兵五进一，马3进5，双方对攻。

9.………… 车1平4　　10.车九进一　车4进3

另有车4进5变，下一节介绍。

11.车九平三　炮2进2

表面看红兵受攻波及三路马，但是红方出手了……

12.兵三平四 …………

献兵让黑方非常难受。

12.………… 车4平6

另有两变分述如下，一变黑炮2平6，红马三退四，下步车三进六得子；二变黑车6进1，红马三进五，象3进5，车三进六得子。

13.炮五平四　炮5进4

炮打中兵是无奈的选择，如按常规前车平4避开，红车二进四下步威胁马三退四，黑方即刻崩溃。

14.马七进五 …………

吃炮必然，如炮四进四，黑炮2平5成杀局。

14.………… 前车进3　　15.相三进五　前车进1

16.车三平四　车6进5　　17.马五进六

交换后黑马位差的弱点一览无余，红方大优。

总结： 红方献兵的飞刀短小精悍，几步之内就让黑方被动挨打，棋迷朋友们要留意献兵之后的战术组合，相当实用。

黑车4平6变2

1. 炮二平五　　炮 8 平 5

2. 马二进三　　马 8 进 7

3. 车一平二　　车 9 进 1

4. 马八进七　　车 9 平 4

5. 兵三进一　　马 2 进 3

6. 兵七进一　　车 1 进 1

7. 马三进四　　车 4 平 6

8. 马四进三　　车 6 进 2

9. 兵三进一　　车 1 平 4

10. 车九进一　　车 4 进 5 （如图）

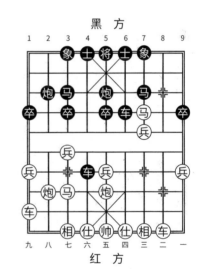

上一节黑方车 4 进 3 效果不佳，本节介绍黑方车 4 进 5 的变化，意图通过攻击红七路马来发动中路攻势。

11. 炮五平二　　…………

一着两用，既可以炮二进四活跃三路马兵，又可以联相守护七路马，是特级大师孙勇征最早下出的手段，如选择炮五平三，则有点呆板，效果远不及平二。

11.……………… 卒 5 进 1

另如改走车 4 平 3，红相三进五，卒 3 进 1，车九平三（威胁要兵三平四），马 3 进 4，兵七进一，车 3 退 2，炮八退一，红方占优。

12. 炮二进一　……………

巧手再施考验！让黑车进退两难。

12.……………… 车 4 退 2

无奈的选择，另有两变，一变车 6 进 3，红马三进五，黑炮 2 平 5，马七退五！黑方丢车崩盘；二变车 4 退 5，红车九平三，卒 5 进 1（如炮 5 退 1，红相三进五，稳占优势），兵三平四，卒 5 进 1，士四进五，车 6 进 1，马三进五，炮 2 平 5，车三进六，对攻之中，黑方少子且多处漏风，明显不利。

13. 炮二进二　……………

继续牵制黑方，恰到好处，使得黑方中路攻势难以顺利开展。

13.……………… 车 4 进 2

14. 相三进五　车 4 平 3

压马虽属失误，但形势已难开展，如马 3 进 5，红炮八进四！威胁要炮二进一得子，黑方如动 6 路车，红方可以马三进五再兵三进一，黑方也困难。

15. 炮二进一　车 6 进 3　　16. 炮二平七

黑方损兵折将，红方大优。

总结：黑车4进5的变化来势汹汹，但红方炮五平二和炮二进一两手棋非常轻盈，起到了四两拨千斤的效果，从本节演变的情况来看，黑方车4平6想要与红方对抗还是有点难的，红方马炮兵结构的运用值得大家学习。

第二章

顺炮横车对直车

黑车8进6变1

1. 炮二平五　　炮 8 平 5　　　2. 马二进三　　马 8 进 7

3. 车一进一　·············

主动放弃直车改为横车，策略性的下法，为棋风稳健的棋手所钟爱。

3.············　车 9 平 8　　　4. 车一平六　·············

红车过宫集结子力，对黑方的右侧施加压力，如车一平四，黑马 2 进 3，将来卒 3 进 1，红方车路不畅。

4.············　车 8 进 6

对攻性很强的老式走法，稳健一点可以选择走马 2 进 3，后面的章节将会有介绍。

5. 车六进七　·············

以暴制暴，很长一段时间被认为是红方最好的选择，随着象棋理论的深挖，红方在这一局面下更合理的下法是马八进七出子，我们将会在后面的章节当中提到。

5.············　马 2 进 1

如马 2 进 3，红兵七进一制住马头，黑方三路线隐患重重，不能令人满意。

6. 车九进一 ·········（如图）

最早见于古谱《金鹏十八变》，典型的弃子战术，效果如何，且看本节演绎。

6.········· 士6进5

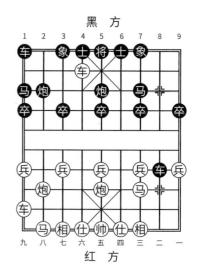

改进后的走法，值得关注，在以往的开局认知中，黑方最易选择的变化当然是炮2进7，红炮八进五，马7退8，炮五进四，士6进5，车九平六，将5平6，前车六进一，士5退4，车六平四，炮5平6，车四进六，将6平5，炮八平五绝杀，此变即是脍炙人口的"弃马十三着"。

7. 马八进七 车8平7　8. 炮五退一 炮2平3

主动亮车，左右子力均匀出动，如炮2平4，红车六平八，则显得针对性不强。

9. 车六平八 卒3进1

一着多用，威胁红马，又可以将来马1进3助攻。

10. 炮五平三 车7平6　11. 马三进二 车6退3

开盘布阵落子告一段落，双方互有所得，黑方满意。

总结：此变是顺炮横车对直车必学的变化，通过对老式走法的了解，能够让我们更好地推陈出新，本节第四回合黑车8进6的选择，以及第六回合红车九进一的变化，有很多实用的战术技巧，值得学习。

黑车8进6变2

1. 炮二平五　　炮8平5

2. 马二进三　　马8进7

3. 车一进一　　车9平8

4. 车一平六　　车8进6

5. 马八进七　　…………（如图）

正马出击，是上局车六进七的改进攻法，符合现代开局均匀出子的作战计划。

5. …………　　车8平7

自然的选择，发挥过河车的威力，如选择马2进3或者马2进1，则与上着车8进6思路相悖。

6. 炮五退一　　马2进1

如选择走马2进3，红炮五平三，黑车7平6，兵七进一，下一步马七进六，红方阵型舒展，占据优势。

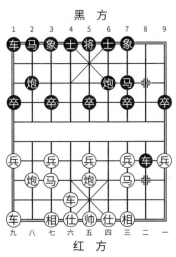

7. 兵七进一　炮 2 平 3

8. 炮五平三　车 7 平 6

9. 马七进六　车 6 退 3

黑车仓皇逃窜，步数上损失较大，红方已有扩先的趋势，接下来怎么出动子力呢?

10. 车九进一　…………

红方大子都活，唯九路车尚未出动，提起霸王车准备兑换黑车，深明弈理。

10. …………　车 1 平 2

11. 炮八平五　卒 3 进 1

意图反击，打乱红车六平四兑车计划，且看实战效果如何。

12. 兵七进一　…………

接受挑战! 如求稳走相七进九，黑卒 3 进 1，相九进七，车 2 进 4，局面透松，黑方具对抗之势。

12. …………　炮 3 进 7　　13. 仕六进五　车 2 进 9

黑方大兵压境，红方如何抵挡呢?

14. 车六平八　…………

化解黑方底线的攻势，又避免黑炮 3 退 2 抽马的手段。

14. …………　炮 3 平 6

15. 仕五退六　…………

好棋，如直接车八退一，黑炮 6 平 2，增加了炮 2 平 7 的反击，红方效果不如实战。

15. …………　车 2 退 1　　16. 车九平八　炮 6 平 4

无奈的选择，如果勉强走炮 6 退 1，红炮五平七! 黑方侧翼不堪重负。

17. 帅五平六　车 6 进 6　　18. 炮五退二　车 6 退 2

19. 马三进二　炮 5 平 4　　20. 马六退五　…………

回马金枪是保持优势的关键，如炮三平六，黑车 6 平 4，马二进四，象 7

进5，下步黑方可以卒7进1拆散红连环马，对攻之中红方也有顾忌。

20.………… 车6退2 21. 兵五进一 车6平8

22. 炮三进六

一阵必然的兑换之后，红方多子，稳占优势。

总结：黑车8进6的变化由于黑车走动过于频繁，终究是落入下风，本局中黑方虽有一些攻势，但细心的读者可以发现，黑方双马滞后，一旦前线大子兑换，在后续的战斗当中难免前后脱节而吃亏。红方在本局中的一些防守手段，如第十四回合的车六平八，第二十回合的马六退五，还是很有实战价值的，棋友们可以细细体会，必有收获。

黑车8进4变1

1. 炮二平五　炮8平5　　2. 马二进三　马8进7

3. 车一进一　车9平8　　4. 车一平六　马2进3

本节给大家介绍黑方马2进3的变化，也是目前出现最多的一个选择，既可以加强中心的对抗，又出动大子。

5. 马八进七　…………

红方正马出击也是最常见的应对，如急于选择车六进五，黑象3进1，车六平七，车1平3，炮八平七，马3退5，车七平八，炮2平3，红车走动过多，先行之利渐失。

5.………… 车8进4

巡河车攻守兼备，是采用最多的应法。

6. 车六进五　车8平3（如图）

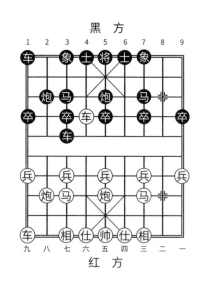

黑 方

红 方

面对红车过河对黑马的威胁，此着平车以暴制暴，可以称之为当前局面下典型的应着了，以往的开局理论对此着褒贬不一，从本节开始我们一起来给大家揭秘。

7. 兵七进一　车 3 进 1

8. 马七进六　…………

轻灵的战术，红马飞奔而出，威胁要马六进四捉马，黑方怎么办呢？

8. …………　炮 2 进 1

经过几代棋手的研究后，黑方找到了当前局面下较好的应着——炮 2 进 1，以往黑方基本上会选择走卒 7 进 1，以下红相七进九，车 3 退 1，车九平七，黑车走动过多，被红兑换，红方出子速度领先，局面占优。

9. 车六进二　…………

如车六进一捉马，看似先手，但黑方可以走士 4 进 5！红车六平七，车 3 平 4，车七退一，炮 2 进 3，黑方可以满意。

9. …………　卒 7 进 1

10. 相七进九　炮 2 进 3

11. 车九平七　卒 3 进 1

次序的改动带来了局面的改善，红方无法对黑方三路马持续施压，黑方便取得了可战之势。

12. 炮八平七　…………

再行牵制，如简单车七进四，黑卒 3 进 1，马六进七，炮 2 平 3，黑反先。

12. …………　士 4 进 5

13. 炮七进三　车 3 进 4

14. 相九退七　象 3 进 1

关键的一着！如随手炮 2 平 7，红马六进七！黑马受攻落入下风。

15. 马六退八　象 1 进 3

16. 马八进七　…………

即便选择车六平七，黑马 3 进 4，车七退三，车 1 平 4，黑方虽少象，但子力占位较佳，可获满意之势。

16. ············　车 1 平 4

17. 车六进一　将 5 平 4

马炮残棋，黑方子力灵活，足可一战。

> **总结：**本节所介绍的黑方车8平3的变化很有新意，颠覆了以往红方简单占优的结论，尤其是黑炮2进1的次序改进，使得红方难以越雷池半步，很多棋友不禁要问，难道黑方车8平3的着法无懈可击了吗？下一节我们来回答这个问题。

黑车8进4变2

1. 炮二平五　炮 8 平 5　　2. 马二进三　马 8 进 7

3. 车一进一　车 9 平 8　　4. 车一平六　马 2 进 3

5. 马八进七　车 8 进 4　　6. 车六进五　车 8 平 3

7. 相七进九　………… （如图）

上一节中，红兵七进一的走法并没有收获，本节介绍相七进九的应法。

7. …………　车 3 进 2

消灭红兵并威胁红马，非常自然，这里另有炮 2 进 4 的变化，红兵七进一，车 3 进 1，马七进六，卒 7 进 1，车九平七，红方主动。

8. 车九平七　炮 2 进 1

贯彻上局的思路，把红车赶离兵林要道，如选择卒 7 进 1，红马七退五，车 3 进 3，相九退七，黑方大子出动落后，红方占优。

9. 车六进一　车 1 进 2

10. 马七退五　车 3 进 3

11. 马五退七　…………

一阵必然的转换之后，压力抛给了黑方，双马位置不佳，易受攻击，如何解决？

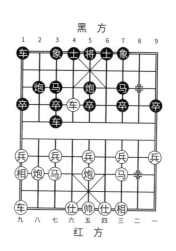

11.………… 士4进5

赶走红车，无奈的选择，如果选择卒7进1活通马路，红炮八平七，马3退1，炮七进八！马1退3，车六平九，黑方丢车。

12. 车六进一 …………

点车是保持先手的关键，如随手车六退二，黑炮5平4调整，将来联象再冲卒活马，红方一无所获。

12.………… 卒3进1

同样不能掉以轻心走卒7进1活马，红方有车六平八的攻击！以下黑炮2退1，红炮八平七，大占攻势。

13. 兵三进一 …………

活马加制马，红方扩大了先手。

13.………… 车1退1　　14. 车六退二　炮2退2

痛苦的抉择，因为红方有车六平七再炮八平七的连环攻击手段。

15. 炮八平七 …………

直接车六平七，黑方可以士5进4构筑防线，还可以抗争。

15.………… 车1进1　　16. 仕四进五

以静制动的好棋，补厚自己的阵型，接下来再马三进四出击加强威胁，至此，黑方双马受制，车位不佳，局面明显吃亏。

总结： 红方相七进九的攻法似拙实巧，通过对黑方双马的钳制获得了主动，也给黑方车8平3的应法提出了新的考验。目前来说，对于黑方的这一应法，笔者还是觉得红方可以稳持先手。这两节红黑双方斗智斗勇，穿插着很多实用的运子技巧和开局常识，广大的爱好者如果用心揣摩，必有所获。

黑车8进4变3

1. 炮二平五　炮 8 平 5　　2. 马二进三　马 8 进 7

3. 车一进一　车 9 平 8　　4. 车一平六　马 2 进 3

5. 马八进七　车 8 进 4　　6. 车六进五　炮 2 进 2（如图）

抬炮巡河是黑方最为流行的选择，既可以"沿河十八打"，又策动边车助战，一着多用。

7. 车六平七　…………

吃兵较为积极，为现代棋手所钟爱，老式走法兵七进一，被黑方炮 2 平 7 再车 1 平 2 顺势出动，略显委屈。

7. …………　车 1 进 2

8. 兵七进一　炮 2 退 3

以退为进，是当前局面常用手段，准备炮 2 平 3 反击。如炮 2 平 7，红马七进六，车 1 平 2，兵三进一！红方先手在握。

9. 马七进六　炮 2 平 3

打车贯彻思路，如车 8 平 4 顶马，红

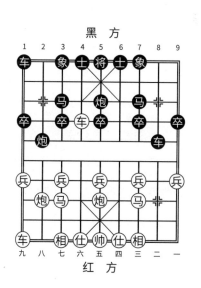

炮八进二保住，接下来炮五平六，黑方无趣。

10. 车七平八 马3进4

黑马一旦活跃，势必扑出，这里马3进4是最为自然的选择，另有马3进2的选择，我们将会在后面章节介绍。

11. 车八进二 ⋯⋯⋯⋯⋯

攻击黑炮，选点准确，如车八退一，黑马4进6兑换，接下来车1平4出动，颇具反击。同理如走兵七进一，黑方依然马4进6，局面生动。

11. ⋯⋯⋯⋯⋯ 车1平3

另有炮3平5的选择，红炮五平七，黑前炮平3，炮七进五，车1平3，相七进五，红方简明占优。

12. 炮五平七 车3进3 13. 相七进五 ⋯⋯⋯⋯⋯

弃兵之后再弃马，战术手段运用巧妙！

13. ⋯⋯⋯⋯⋯ 车3退3

唯一的应对，如车3平4，红炮七进七，士4进5，炮七平九！车4进2（避开抽吃），车九平八，黑方侧翼空门，红方不难入局。

14. 炮七进六 炮5退1 15. 车八退三 车3退1

16. 兵三进一

黑方应着顽强得回失子，不过红方依然占据子力空间的优势，局面令人满意。

总结： 这路变化在早期的大师对局中出现较多，演变结果红方可以稍稍占据主动，后续棋手对第十回合黑方马3进4的变化进行了改进，效果如何？我们下一节见分晓。

黑车8进4变4

1. 炮二平五　炮 8 平 5　　2. 马二进三　马 8 进 7

3. 车一进一　车 9 平 8　　4. 车一平六　马 2 进 3

5. 马八进七　车 8 进 4　　6. 车六进五　炮 2 进 2

7. 车六平七　车 1 进 2　　8. 兵七进一　炮 2 退 3

9. 马七进六　炮 2 平 3　　10. 车七平八　马 3 进 2 （如图）

黑马外翻，避免了红方将来车八退一的牵制，不过中路削弱，也有弊端。

11. 马六进五　…………

简明的走法，如果走兵七进一，黑马
2 进 3，马六进五，马 7 进 5，炮五进四，
炮 3 平 5，相七进五，车 8 平 3，红方过
河兵白白牺牲，不太愿意。

11. …………　马 7 进 5

12. 炮五进四　炮 3 平 5

必然的选择，如果走士 6 进 5，红相七
进五，马 2 进 4，炮五退二，黑方相当难受。

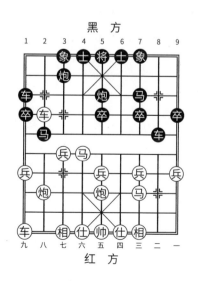

13.相七进五 ……………

补棋稳正，如贪功随手炮八平七，黑后炮5进2，车八平五，士4进5，炮七进七，车1平3，炮七平九，车3进1，车五退二，马2进3，红车被捉死。

13.………… 马2进4

如选择车1平4，红士六进五，马2进4，车九平六，炮5进2，车八平五，红方多兵占优。

14.炮五进二 士6进5 15.炮八平六 …………

避免黑车1平4的线路，老练之着。

15.………… 车8进4

威胁要车8平6，如直接马4进6，红车八平四围堵，马6进7，车四退五，车1平4，炮六平七！黑方有丢子的危险。

16.车八平四

红方多兵稍占优势。

总结： 通过这两章的讲解，我们可以看到，在面对顺炮的时候，横车是一路非常稳健的选择，通过运车制马的战术，往往能够保持小先手。和直车尖锐的变化不同，横车的变化更适合功底比较深厚的业余爱好者，战线较为漫长。棋友们可以根据自身技术的特点选择适合自己棋风的套路，在对弈中就能取得比较好的结果。

第三章
中炮过河车进七兵
对屏风马平炮兑车

红急进中兵1

1. 炮二平五　马8进7

2. 马二进三　车9平8

3. 车一平二　马2进3

在炮马争雄的布局体系当中，屏风马应对中炮是最为常见的变化，而屈头屏风马更是被誉为"绅士布局"，把选择变化的权利留给中炮方，是黑方棋手对自己开局自信的一种表现。

4. 兵七进一　‥‥‥‥‥

20 世纪四五十年代，红方清一色都是进七兵的选择，经过七八十年的沉淀，七兵体系依然是中炮对付屏风马的一大利器，足见其变化之丰富。

4. ‥‥‥‥‥　卒7进1

5. 车二进六　‥‥‥‥‥（如图）

过河车和马八进七七路马的变化是当前最为主流的两路选择，本节开始我们先介绍过河车的变化。

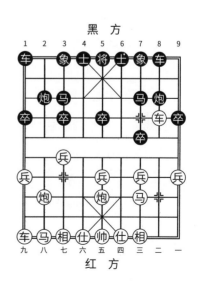

5.………… 炮8平9

平炮兑车和马7进6左马盘河是当前局面出现最多的选择，我们先介绍炮8平9的变化。

6. 车二平三　炮9退1

7. 兵五进一　…………

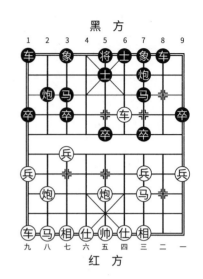

在广大的棋迷爱好者群体当中，喜欢急进中兵套路的棋友可以说是数不胜数，自20世纪80年代开始流行之后，这样一路拼命的攻法成了红方攻城拔寨的利器。

7.………… 士4进5

最为稳健主流的选择，另有马3退5"走钢丝"以及炮9平7打车后再马7进8中路"空城计"的应法，就有点投机取巧的味道了。

8. 兵五进一　炮9平7　　9. 车三平四　卒5进1 （如图）

到了棋盘的分水岭，黑方卒5进1去兵，被很多棋书列为典型的开局错着，更多的棋手会在这个盘面下选择卒7进1，红马三进五，卒7进1，马五进六，车8进8，险象环生的对杀场面。

经过几代棋手的研究，我们发现，原来黑方此着是可以选择卒5进1的变化的。

10. 车四平七　…………

先得实惠，并赶退黑马，很多棋书到这里就给黑方下了病危通知书，那么演变下去战况如何呢？

10.………… 马3退4　　11. 马三进五　炮2平5

还架中炮并留出车路，思路正确，如随手象3进5或者马4进5，红方炮五进三高压控制，黑方就真的半身不遂了。

12. 马八进七 ···········

另有马五进六的变化，黑炮5进5，相七进五，马4进5！马6进5，象7进5，黑方具备对抗之势。

12. ········· **卒5进1**

精良的次序！如先走车1平2，红马五进六！车2进7，马六进五，马4进5，车七进三，士5退4，炮五平八，红方得车。

13. 炮五进二 车1平2   14. 车九平八 ···········

错着！正着是炮八进二，当然黑马7进6之后也有十足的反弹之势。

14. ········· **车8进5   15. 炮八进二** ···········

如炮五进一，黑车8平5，车七退一，马7进6，红方丢子。

15. ········· **车2进5**

实用的谋子战术！

16. 车八进四 车8平5

红方中马必丢，黑方多子大优！

　　总结： 黑方以退为进的走法收获奇效，卒5进1的变化一炮而红，本节第十五回合黑方弃车的战术手段，尤为生动！对于红方来说，第十回合车四平七的手段是否必然？下一节我们继续研究。

红急进中兵2

1. 炮二平五　马8进7　　2. 马二进三　车9平8

3. 车一平二　马2进3　　4. 兵七进一　卒7进1

5. 车二进六　炮8平9　　6. 车二平三　炮9退1

7. 兵五进一　士4进5　　8. 兵五进一　炮9平7

9. 车三平四　卒5进1　　10. 车四平七　马3退4

11. 马八进七　…………（如图）

上一节介绍了红马三进五的变化，本节红方采取缓攻之策。

11.…………　卒7进1

好棋！针对红方三路线最为有效的攻击！如随手卒5进1，红炮八进二消灭过河卒，黑方即刻进入下风。

12. 兵三进一　…………

硬着头皮接受挑战，如勉强马3进5，黑卒7进1，炮五进三，炮2平5，相七进五，车8进4，下一手卒7平6靠马，

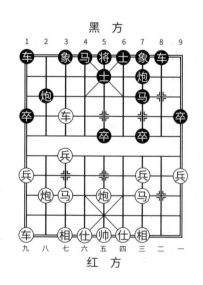

黑　方

红　方

红方崩溃。

12.………… 马 7 进 6

13. 马七进五 …………

面对黑炮 7 路线的威胁，红方非常难受，另有两变，一变兵三进一，黑炮 7 进 6，兵三平四，炮 7 平 3，黑方得子占优；二变马七退五，黑炮 2 平 7，下步车 1 平 2 出动，红方应对困难。

13.………… 马 6 进 5

14. 马三进五 炮 7 进 8

破相后黑方已反先。

15. 仕四进五 炮 7 平 9

16. 炮五进三 象 7 进 5

17. 帅五平四 …………

此局面看似黑方无棋，红中炮威风凛凛，但是黑方出手了……

17.………… 车 8 进 9

18. 帅四进一 车 8 退 5

19. 炮五进一 …………

无奈的选择，首先不能车七平五，黑马 4 进 3；炮八平五也不行，黑炮 2 进 6 组杀，可迅速三子归边入局。

19.………… 炮 9 平 5

出人意料的手段，好一着"釜底抽薪"。

20. 马五退三 …………

如选择炮八平五，黑炮 2 进 6！士五进六，炮 5 退 3，黑方得子胜定。

20.………… 车 8 平 6　　21. 炮八平四 …………

如士五进四，黑炮 2 进 4 助攻准备炮 2 平 6 迎头痛击，红方阵势也是破败不堪。

21. ………… 炮 2 进 6

22. 帅四退一 炮 2 平 3

借打车先手，亮出车路。

23. 车七平六 炮 5 退 6 　　24. 车六平五 车 1 平 2

清点战场，黑方得象且车位更好，明显占优。

> **总结：** 本节黑方车炮的运用相当巧妙，通过兑换掉红方进攻的核心中炮，取得满意的形势，顿挫手段值得大家借鉴。结合前面章节的内容，红方第十回合车四平七之后的选择确实难讨便宜，那么红方对黑方更具威胁的着法是什么呢？下一节我们继续学习。

红急进中兵3

1. 炮二平五	马 8 进 7	2. 马二进三	车 9 平 8
3. 车一平二	马 2 进 3	4. 兵七进一	卒 7 进 1
5. 车二进六	炮 8 平 9	6. 车二平三	炮 9 退 1
7. 兵五进一	士 4 进 5	8. 兵五进一	炮 9 平 7
9. 车三平四	卒 5 进 1	10. 马三进五	…………（如图）

红方改弦易张，采用了进中马的方案，看能否扩张先手。

10.………… 象 3 进 5

固守中防，静待红方出着。

11. 马五进六 …………

策马急进是非常有诱惑力的一着，还有一路稳攻之法是炮五进三，我们将会在下一节给大家介绍。

11.………… 车 1 平 4

弃子抢攻，是当前局面下黑方积极的选择！如求稳走车 1 平 3，红方可能车四平七，马 3 退 4（正着马 3 进 5），炮五进五！

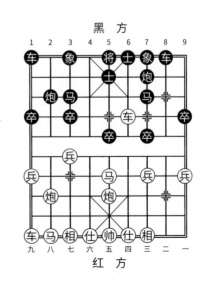

黑　方

红　方

象 7 进 5，马六进五，马 4 进 5，车七进三，士 5 退 4，车七退二，红方胜定。

12. 马六进七　车 4 进 2

13. 车四平七　…………

另有马七进八的变化，黑炮 2 退 1，红后马八进七，卒 7 进 1！黑方弃子有攻势，且红八路马有可能被吃回，黑方满意。

13. …………　卒 7 进 1

加快进攻速度，好棋！

14. 马八进七　…………

如兵三进一，黑马 7 进 8，相三进一（不能车七平三，黑方有马 8 退 9），马 8 进 6，马八进七，炮 2 进 4，接下来有炮 2 平 3、马 6 进 4、车 8 进 6 等进攻线路，红方虽多子，但很难抵挡。

14. …………　卒 7 进 1

15. 炮八平九　马 7 进 8

16. 相三进一　…………

如选择车七平三，黑马 8 退 9，车三退三，车 4 平 3 得回失子后黑方简明占优。

16. …………　马 8 进 6

17. 车九平八　…………

顽强的走法是士 6 进 5，黑方马 6 进 8，炮五平二，卒 7 进 1，炮九平三，马 8 退 6 得回失子后也是黑方占优。

17. …………　马 6 进 4

18. 车八进一　…………

不能吃炮，黑马 4 进 6，帅五进一，车 8 进 8 连杀！

18. …………　马 4 进 6　　19. 车八平四　卒 7 平 6

20. 仕四进五　…………

速败之着，顽强的应对是走炮五进五，象 7 进 5，炮九平四，卒 6 进 1，车四进一，车8进6，双马笨如牛，黑方双车双炮活力十足占优。

20.………　车8进9

黑方开启了捕车计划。

21. 仕五退四　车8退1　　22. 帅五进一　炮7进7

23. 帅五退一　车4进6

齐头并进，红车阵亡，黑方基本胜定（如仕四进五，黑车8进1再车4平6去车）。

> **总结：**经典的炮马争雄变例，黑方弃子之后进退有序获得主动，本节的内容涉及很多实用的进攻技巧，大家可以仔细地看下黑方的进攻步点。红方马五进六的攻法还是操之过急，不够理想。

红急进中兵4

1. 炮二平五　　马8进7

2. 马二进三　　车9平8

3. 车一平二　　马2进3

4. 兵七进一　　卒7进1

5. 车二进六　　炮8平9

6. 车二平三　　炮9退1

7. 兵五进一　　士4进5

8. 兵五进一　　炮9平7

9. 车三平四　　卒5进1

10. 马三进五　　象3进5

11. 炮五进三　　………（如图）

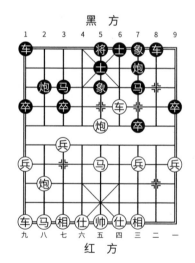

红炮打兵是当前局面下最好的选择，给黑方的应对提出了考验。

11. ………　　车1平4

12. 炮八平四　　………

平炮攻士，选点准确！如改走马八进七，黑炮2进4威胁要车4进6，红方双马受攻，不易开展。

12.………… 车4进6

面对炮击士打双车的威胁，抬车是自然之手，又顺带攻击红方的中马，我们看看效果如何。

13. 马八进七 车4平2

封锁红车也是必然，如果选择车8进5，红车九平八，炮2退1，炮四进一，车4进1，士六进五，车4平8，炮四退一，红方阵型开朗，车位较佳，获得主动。

14. 车九进一 …………

横车出动非常灵活，如随手相七进五，黑方就有了车2退2的攻击，红炮尴尬；又如车四平七，黑马7进5，威胁要炮7进2，红方也无便宜可占。

14.………… 卒7进1

没有反击的线路，只能弃兵寻求一些骚扰，如误走车8进6，红炮四进一！鞭打二怪得子；又如选择车2退2，红方可以顺势炮四平五，黑方无趣。

15. 兵三进一 马7进8

既定方针，如车8进4，红炮四平五，黑方之前弃兵没有任何意义。

16. 炮五平三 …………

攻守兼备的好棋！为后续进攻扫平了障碍，如随手车四平三，黑马8退9！红方三路线受攻。

16.………… 炮2进1

还有象7进9的选择，红车四平三，象9进7，车三进二，换子后黑方毫无所得，红方占优。

17. 车四平七 象5进7

18. 车七进一 象7退5

19. 车九平二 …………

放弃底相牵制车马，富有大局观的好棋！一举奠定优势。

19.············ 炮7进8

20.仕四进五 马8退7

21.车二进八 马7退8

22.车七退一

黑方子力左右分家难有攻势，红方多兵占优。

总结：此变红方的攻法简明实用，黑方子力空间受限明显处于下风，回头来看黑方第十二回合车4进6的选择是否必然就要打个问号了，且看下一节黑方的改进走法。

红急进中兵5

1. 炮二平五　马8进7

2. 马二进三　车9平8

3. 车一平二　马2进3

4. 兵七进一　卒7进1

5. 车二进六　炮8平9

6. 车二平三　炮9退1

7. 兵五进一　士4进5

8. 兵五进一　炮9平7

9. 车三平四　卒5进1

10. 马三进五　象3进5

11. 炮五进三　车1平4

12. 炮八平四　车8进7（如图）

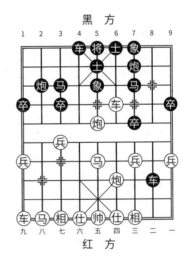

上一节讲到黑车4进6效果不佳，本节黑方单刀直入，直接选择点车牵制红炮，最早是上海的特级大师谢靖在象甲联赛当中的佳构。

13. 马八进七　…………

正常出子，如炮四进七贪士，黑车4进6一点穴，红方顿时不支。

13.………… 炮2进4

又是良好的行棋次序！棋迷朋友很容易在当前局面下走车4进6，那么红炮四进一，黑车就徒劳无功了。

14. 车九平八 车4进6

面对红亮车的先手，黑方面临一个抉择，是避重就轻躲炮，还是迎难而上？实战给出了正确的答案，如选择炮2平3，红车八进七抢先动手，黑炮3进3，仕六进五，马7进5，车四进二，对攻之中，红方将捷足先登。

15. 炮四进一 …………

串打的诱惑是无法抵挡的，何况红马受攻看似无处可躲，在下一节中，我们将会跟大家来研究一下当前局面红方的另一选择，马五进六！

15.………… 炮2平5

按既定方针，一车换双子，棋迷朋友们都知道，在开局阶段就用车换马炮，绝大多数情况下是吃亏的，可此变黑有空头炮，看看能否化腐朽为神奇。

16. 炮四平六 车8平3

17. 帅五进一 …………

如错走车四退三，黑车3平5，仕四进五，车5平2，帅五平四，炮7平6！一番尔虞我诈的钩心斗角，黑方获利得子。

17.………… 车3退2

18. 车四进二 …………

除此另有几变，如帅五平四，黑马7进5，接下来车3平5；又如车四退三，黑炮5平1威胁要车3平5，红方都不够理想。

18.………… 车3平5

红方虽有双车，但中炮才是进攻的灵魂，黑方不顾7路炮受攻来兑换，是深明大义的好棋！

19. 炮五退二　　车 5 进 1
20. 相七进五　　车 5 平 4
21. 车四平三　　马 7 进 6

一番必然的交换，虽然子力简化，但黑方多兵且马位较好，已然立于不败之地。

> **总结：** 本节对双方在行棋次序上要求很高，互相设置了很多陷阱，正常演变的结果黑方非常满意，看来黑方一车换双子的思路是可取的。从红方的角度来看，第十五回合的串打肯定是有问题的，下一节，我们就来看看马五进六凌空献马的变化。

红急进中兵6

1. 炮二平五　马8进7

2. 马二进三　车9平8

3. 车一平二　马2进3

4. 兵七进一　卒7进1

5. 车二进六　炮8平9

6. 车二平三　炮9退1

7. 兵五进一　士4进5

8. 兵五进一　炮9平7

9. 车三平四　卒5进1

10. 马三进五　象3进5

11. 炮五进三　车1平4　　12. 炮八平四　车8进7

13. 马八进七　炮2进4　　14. 车九平八　车4进6

15. 马五进六　………（如图）

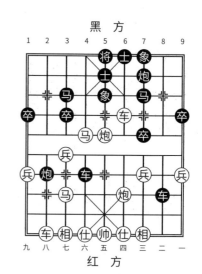

天马行空的选择，作为上一节炮四进一变化的改进，是何用意呢？

15. ………　车4退2　　16. 炮五退三　…………

双击可以得回一子，是先弃后取的巧妙运用。

16.………… 车8退2　　17.车八进三 …………

红方通过交换，双车占据要位，下一步有车八进四、车四进二的手段，看上去黑方已经非常危险。

17.………… 车4平6

唯一取得局面抗衡的选择！

18.车四退一 …………

避开了黑方的小陷阱，如随手车四平七，黑马7进5，下步炮7进2打死车，红方丢子。

18.………… 马7进6　　19.马七进五 …………

及时兑换稳定局面，还有一路变化是车八平四，黑马6进7，马七进五，马7进8，红方较难掌控局面。

19.………… 马6进5

如选择马6进7，红马五进六，马7进8，士四进五，红马非常活跃，对攻之中黑方有不小压力。

20.车八平五 …………

换子后看似风平浪静，但战斗还在继续。

20.………… 车8平3

主动打破平衡。

21.炮四进六 …………

以攻代守非常明智，否则少兵且兵种不佳易落下风。

21.………… 马3退4

肯定不能象5退3，红车五平七，车3平5，车七进三摧枯拉朽，黑方不行。

22.炮五进五　马4进5

23.车五进四　炮7进5

打兵是非常简明的选择，如车3平6，红车五平七叫杀，黑不敢出将，还得车6平5。

24. 车五退四　炮7退1　　25. 相三进五　炮7平5

镇住中炮，削减红车的威胁。

26. 炮四退七　…………

残棋炮还家，准备炮四平五双击得子！

26. …………　车3平4

避开红炮四平五的手段，因为可以将5平4反杀，至此形势，红方多相，黑方多兵，双方可战。

总结： 本节介绍的变化是目前黑卒5进1对抗红急进中兵变化当中双方皆应着俱正的选择，有很强的实战价值，局中双方的攻守转换节奏很快，需要象棋爱好者反复巩固学习。就目前的开局结论来说，面对红方急进中兵的攻击，黑方卒5进1去兵的应着是可以对抗的，这几节的营养，我们广大的爱好者可以放心"食用"，当有裨益。

第四章

中炮过河车五九炮
对屏风马平炮兑车

红车四进二变1

1. 炮二平五　马8进7　　2. 马二进三　车9平8

3. 车一平二　马2进3　　4. 兵七进一　卒7进1

5. 车二进六　炮8平9　　6. 车二平三　炮9退1

7. 马八进七　…………

正马出击是出现最多的选择，符合均匀出动两翼大子的开局原理。

7. …………　士4进5

补士加固中防，有一些棋手喜欢车1进1的对攻走法。

8. 炮八平九　…………（如图）

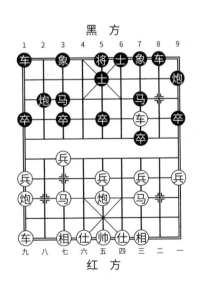

五九炮过河车的阵法，从20世纪六七十年代开始流行至今，是所有布局套路当中最庞大的变化体系，2000年以后，新式飞刀层出不穷，接下来的几节，我们会把这一体系中最新的变化介绍给大家。

8.………… 车1平2　　9.车九平八　炮9平7

10.车三平四　马7进8

外马反击是最自然的应对，曾经也出现过炮2进4封车的变化，红兵五进一，演变下去黑左右脱节，红方容易扩大先手。

11.车四进二　…………

当前局面红选择繁多，我们先介绍车四进二点车的变化，这也是出现最早的选择，时至今日依然风靡。

11.………… 炮7进5

明快的应对，也有炮2退1的选择，红方有车四退三、车四退四、车四退五等应对，黑方掌握难度较大，实战中出现不多。

12.相三进一　炮2进4　　13.马七进六　…………

另有兵五进一的变化，后面章节会讲到。

13.………… 马8退7

回马掩护中卒又活通车路，一着两用。

14.仕四进五　…………

在双方僵持不下的时候，红方轻轻补一手仕，看黑方出着。

14.………… 车8进5

直观的选择，另有车8进6的变化，后续有介绍。

15.兵五进一　车8平5　　16.车四退五　…………

红方弃兵之后退车捉双炮进行交换，这里面大有文章可做。

16.………… 炮2进1

正确的应对！如随手车5平4，红车四平三，炮2进1，车三进二，黑方双马受攻，落入下风。

17.兵七进一　…………

放着嘴边的炮不吃，先献七兵，早期的下法！为什么这么走呢？主要是担心车四平三之后，黑马7进6！车三进二，马6进4的反扑之势。

17.………　卒3进1　　18.车四平三　车5平4

吃马正确！如取巧马7进6，红车三平八！一着得子，这里我们就看到之前兵七进一的作用了。

19.车三进二　车4退3　　20.车三平七　………

红方借攻击黑马的便利连扫两卒，但由于黑方势力巩固，也很难继续进取。

20.………　象7进5　　21.车七进一　马7进6

下步有马6进4入侵的手段，黑方形势生动（红方如车七平五，黑车4进7，破士占优）。

总结：在很长一段时间内，红五九炮的进攻变化仅限于我们本节所介绍的内容，黑方很容易取得满意的形势。2010年以后，随着专业棋手不断推陈出新，给老式变例又注入了新的活力，下一节我们来一起看看新一代的棋手是怎么来玩五九炮这个布局的。

红车四进二变2

1. 炮二平五　马8进7　　2. 马二进三　车9平8

3. 车一平二　马2进3　　4. 兵七进一　卒7进1

5. 车二进六　炮8平9　　6. 车二平三　炮9退1

7. 马八进七　士4进5　　8. 炮八平九　车1平2

9. 车九平八　炮9平7　　10. 车三平四　马7进8

11. 车四进二　炮7进5

12. 相三进一　炮2进4

13. 马七进六　马8退7

14. 士四进五　车8进5

15. 兵五进一　车8平5

16. 车四退五　炮2进1

17. 车四平三　………（如图）

结合上一节的内容，红方做出了改进，
勇敢地吃炮接受挑战！

17. ………　马7进6

必然的选择，如车5平4，红车三进

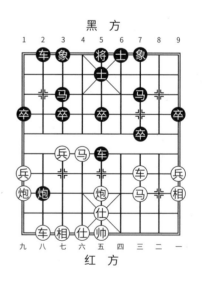

二占优。

**18.车三进二　马6进4　　19.车三进四　**…………

吃去黑方底象，在物质上给黑方压力，不过黑方的马非常灵活，红方能控制住局面吗？

19.…………　**炮2进1**

进一步压制红方子力，并有马4进3和马4进5的双重威胁，是积极的应对！如求稳走马4进5简化，红炮九平五，炮2平7，车八进九，马3退2，车三退七，黑方缺象怕炮，红方残棋占优。

**20.炮九平六　**…………

先守住黑马4进3的威胁。

20.…………　**马4进5　　21.相七进五　车5进2**

双方互破一象，黑得中卒，红马位较佳，发展下去会怎么样呢？

22.车三退二　马3退4

退马正确，如随手炮2平3，红车八平七捉双，有得子的机会。

**23.马三进二　**…………

如选择马三进四，黑车5平9顺手牵羊，红方也没有进取的路线。

23.…………　**车5平8　　24.马二进四　车8退3**

逼马定位老练！如选择车8平9，红车三退一，下步马四进二和车三平五，黑方就不是很舒服了。

25.马四进六　马4进5

一着多用的好棋！至此，红进攻路线受阻，前景不容乐观。

总结：此变红方制造了一定的混乱，但黑方防守精确，依然可以获得满意的形势。不久之后，不甘于当前盘面的红方棋手又有了新的表演，下一节我们一起来看一看。

红车四进二变3

1. 炮二平五　马8进7

2. 马二进三　车9平8

3. 车一平二　马2进3

4. 兵七进一　卒7进1

5. 车二进六　炮8平9

6. 车二平三　炮9退1

7. 马八进七　士4进5

8. 炮八平九　车1平2

9. 车九平八　炮9平7

10. 车三平四　马7进8

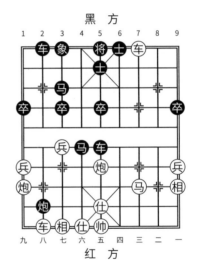

11. 车四进二　炮7进5　　12. 相三进一　炮2进4

13. 马七进六　马8退7　　14. 仕四进五　车8进5

15. 兵五进一　车8平5　　16. 车四退五　炮2进1

17. 车四平三　马7进6　　18. 车三进二　马6进4

19. 车三进四　炮2进1　　20. 炮五进一　…………（如图）

抬炮的选择有点出人意料，似乎是一步漏勺。

20．…………　马 4 进 3

黑方也没有更好的选择，按既定方针踩双，谋求得子。

21．炮五平二　…………

石破天惊的一手！原来红方构思了一个宏伟的先弃后取计划。

21．…………　将 5 平 4

出将是无奈的选择！如果走马 3 进 2，红炮二进六，将 5 平 4，车三退五，将 4 进 1，车三平五，黑方溃不成军。

22．炮二进六　将 4 进 1

23．车八平九　…………

避开黑马的铁蹄，双方的对攻大战一触即发。

23．…………　炮 2 进 1

后防不稳，前线兵力较多，黑方沉炮助攻顺理成章，随时准备车 2 进 8 来制造杀机，红方怎么办呢？

24．车三退五　…………

先兑车抢占高位。

24．…………　车 5 退 1

如简单兑换，因后马无法投入战斗，红方明显占优。

25．炮二退七　…………

回炮防守也是必然，再慢一步，黑车 2 进 8 再马踩中士，红方就岌岌可危了。

25．…………　炮 2 平 4

狠辣的攻击手段！如马 3 进 4，看似很好，但经过红车三平六，士 5 进 4，车六退三！顿时"雪拥蓝关马不前"，无力续攻。

26．相七进五　炮 4 平 2

继续封锁红车，下一步有马 3 进 4 和车 5 平 4 的双重威胁，红方是不是不行了？

27. 马三进四　前马进4

28. 车九平八 ……………（如图）

好棋！在千钧一发之际，红方及时弃
车，避开了黑方的鬼头刀！如随手相五退
七，黑车5进4！帅五进一，马4退3，
炮二平六（不能帅五进一，黑炮2退2杀；
也不能帅五平四，黑车2进8，帅四进一，
马3进4，绝杀），车2进8，帅五进一，
马3进4，炮六退一，车2平4，黑车马大
闹天宫，红无险可守。

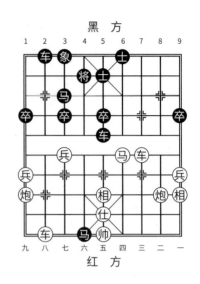

28. ……………　车2进9

29. 炮二退二 ……………

弃车之后的连贯手段，化解了黑方的攻势。

29. ……………　马4退5

反弃一车！无奈的选择，如先走将4退1调整，红炮九平六！车5平8，
炮二平六，将4平5，车三进三，车8平6，车三平七，车6进1，车七进二，
士5退4，车七平六，将5进1，车六退三，黑无士象，残棋红方大优！

30. 炮二平八　马5进3　　31. 帅五平四　前马退1

32. 炮八平六　车5进4

黑方杀去中士奋力一博，局势还在动荡之中。

33. 马四退六 ……………

如马四进六，黑车5平4，帅四平五，马1进3！黑方迅速获胜。

33. ……………　车5平4

34. 车三平六　士5进4

35. 马六进四 ……………

又是一个先弃后取！

35.…………　车4退3

36.马四进五　将4平5

37.马五退六

清点战场，红方兵种占优，将来有多兵的优势，黑方马位不佳，残局明显红方好下。

> **总结：**大套魔术般的攻防演绎，皆因红方不起眼的一着炮五进一而起，转换结果，红方终于一扫前面两变的阴霾，取得了不错的形势。棋迷朋友们在学习本节的时候应细细地揣摩双方的运子技巧，对于自身中局搏杀能力的提高大有裨益。

红车四进二变4

1. 炮二平五　马8进7　　2. 马二进三　车9平8

3. 车一平二　马2进3　　4. 兵七进一　卒7进1

5. 车二进六　炮8平9　　6. 车二平三　炮9退1

7. 马八进七　士4进5　　8. 炮八平九　车1平2

9. 车九平八　炮9平7　　10. 车三平四　马7进8

11. 车四进二　炮7进5

12. 相三进一　炮2进4

13. 马七进六　马8退7

14. 仕四进五　车8进6 （如图）

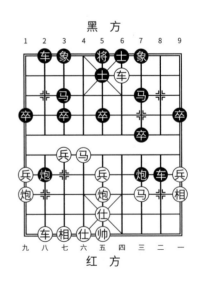

本节开始我们介绍黑车8进6的选择，与车8进5的直白不同，点车过河非常含蓄，意图保持双炮对红方兵林线的封锁。

15. 兵五进一 ··········

对于红方来说，中路进击是五九炮车四进二变例不变的主题，否则八路车和三路马的疲软是无法弥补的毛病。

15.⋯⋯⋯⋯　炮 7 平 3

左炮右调是此局面下的正着,如选择卒 7 进 1 过河,红兵七进一将计就计,黑炮 2 退 5,车四退五,卒 3 进 1,车八进七! 红方占据优势。

16.兵七进一　⋯⋯⋯⋯

面对过兵的诱惑,绝大多数棋友是难以抵挡的,我们今天就来看看黑方有什么手段。

16.⋯⋯⋯⋯　炮 3 退 1

黑方退炮好像与主战场无关,什么意思呢?

17.兵七进一　炮 2 平 3

通过闷宫的方式欺负红车,反夺先手。

18.车八平九　前炮退 3

主动弃炮,黑方胸有成竹。这一步棋也可以选择走车 8 平 4,红兵七进一,车 4 退 1,黑方出子速度快,反先占优。

19.马六进七　车 8 平 3

此着一出,红方顿时难受,原来红方的底相也被列入了黑方的射程。

20.仕五进六　炮 3 进 4　　21.仕六进五　炮 3 退 6

22.马三进四　⋯⋯⋯⋯

红马扑出准备炮五平三进攻。

22.⋯⋯⋯⋯　象 3 进 5　　23.炮五平三　车 3 平 7

24.车九平七　炮 3 进 3

红方攻势无从开展,黑方多兵得象,优势明显。

总结:黑方的应着朴实无华,红兵七进一的进攻路线有所偏差,局面迅速恶化。下一节我们将会给大家介绍红方对黑方最具威胁的走法,第十六回合兵五进一! 能否带来突破呢?

红车四进二变5

1. 炮二平五　马8进7

2. 马二进三　车9平8

3. 车一平二　马2进3

4. 兵七进一　卒7进1

5. 车二进六　炮8平9

6. 车二平三　炮9退1

7. 马八进七　士4进5

8. 炮八平九　车1平2

9. 车九平八　炮9平7

10. 车三平四　马7进8

11. 车四进二　炮7进5　12. 相三进一　炮2进4

13. 马七进六　马8退7　14. 仕四进五　车8进6

15. 兵五进一　炮7平3　16. 兵五进一　…………（如图）

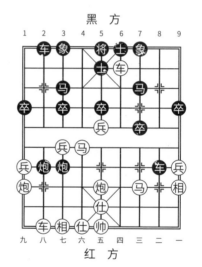

直攻中路，是红方最理想的进攻路线。

16. …………　卒5进1　17. 车四退一　象3进5

只能弃子，如勉强马3进5，红马六进五，士5进6，马五进六抽回一车，多子胜定。

18. 车四平三　炮3平7

19. 炮五进五　…………

打象解围，在双方预料之中。

19. …………　象7进5

20. 车三平五　炮2平5

21. 马三进五　车2进9

22. 车五平七　…………（如图）

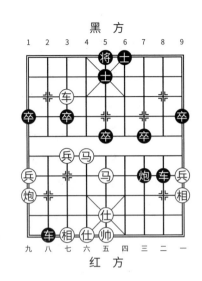

经过转换，双方互有所得，此变也是近年来五九炮变化当中的热门变例。

22. …………　车2退2

阻止红方架中炮，正着！如误走卒5进1，红炮九平五！车8退1，车七进二，士5退4，马五退七，卒5平4，马七退八，红方多子胜定。

23. 马六进七　…………

对于黑车2平9和卒5进1的威胁，红方视而不见，直接马六进七强攻，掀起了战斗的高潮。

23. …………　车2平9

本节我们先介绍杀相的变化。

24. 炮九平四　…………

攻不忘守！如马七进五，黑车9进2，仕五退四，炮7进3，帅五进一，车8平5，帅五平四，车9退1，帅四进一，车5平6，帅四平五，卒5进1，红无杀，黑方捷足先登！

24. …………　卒5进1

另有炮7进3进攻的变化，红马七进五！士5退4（如车8平5，红车七进二，士5退4，马五进六，将5进1，车七退一，将5退1，马六退七，绝杀），马五退三！车8退5，炮四平一，红方得车胜定。

25. 马七进五 ··········

跃马做杀！准备车七进二再马五进六构成绝杀。

25. ·········· 士 5 进 4

无奈的选择，如果走士 5 退 4，红马五进七，将 5 进 1，车七平五，将 5 平 6，车五退三连打带消，黑方崩溃。

26. 车七平六　卒 5 进 1　　27. 车六进二　将 5 进 1

28. 马五退四　车 9 进 2　　29. 炮四退二　车 9 平 6

无奈的选择，如车 8 退 3，红马四进六（车 8 平 4，车 6 退 3，黑方基本输定），将 5 平 6，车六退一，士 6 进 5，车六平五，将 6 退 1，马六进四，车 8 平 6，马四进二，红胜。

30. 帅五平四　将 5 平 6　　31. 车六退三

红方胜势。

> **总结：**黑方车2平9吃边相的方案从演变来看不太理想，红方在进攻端一着马七进五，防守端一着炮九平四，都是值得大家细细品味的好棋。

红车四进二变6

1. 炮二平五　马8进7　　2. 马二进三　车9平8

3. 车一平二　马2进3　　4. 兵七进一　卒7进1

5. 车二进六　炮8平9　　6. 车二平三　炮9退1

7. 马八进七　士4进5　　8. 炮八平九　车1平2

9. 车九平八　炮9平7　　10. 车三平四　马7进8

11. 车四进二　炮7进5　　12. 相三进一　炮2进4

13. 马七进六　马8退7　　14. 仕四进五　车8进6

15. 兵五进一　炮7平3

16. 兵五进一　卒5进1

17. 车四退一　象3进5

18. 车四平三　炮3平7

19. 炮五进五　象7进5

20. 车三平五　炮2平5

21. 马三进五　车2进9

22. 车五平七　车2退2

23. 马六进七　卒5进1（如图）

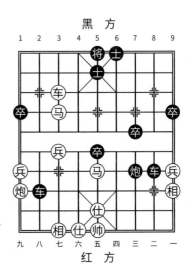

上一节车2平9的变化不理想，这一

节我们来看看黑卒 5 进 1 的变化。

24. 炮九进四 …………

打边兵助攻，是红方非常重要的进攻手段。

24. …………　**卒 5 进 1**

黑方也没有什么办法，只能先吃了红马再说。

25. 马七进五 …………

典型的进攻手段，保留了红炮底线和中路的双重威胁。

25. …………　**车 2 退 7**

相对顽强的防守手段，如走士 5 退 4，红炮九平五，士 6 进 5，车七退二，车 8 进 3，仕五退四，车 2 平 6，仕六进五，车 6 退 5，车七平三，车 8 退 9，炮五平九！黑方必丢车，红胜势。

26. 炮九平六 …………

威胁要马五进七再车七平六杀。

26. …………　**士 5 进 4**

如选择车 2 平 4，红炮六平五，车 4 平 2，车七平六，绝杀！

27. 炮六平五　士 6 进 5　　28. 车七退二 …………

继续叫杀。

28. …………　**将 5 平 4**

不敢车 8 退 3，红马五进三抽车得子。

29. 炮五平六　将 4 平 5　　30. 车七平三 …………

黑方底线漏风，已无力防守。

30. …………　**炮 7 平 6**

车 2 进 3 的应对也不行，红方可以车三进四，士 5 退 6，马五进三，将 5 进 1，马三退四，将 5 退 1，马四进六，将 5 进 1，马六退八，得车胜定。

31. 车三进四　士 5 退 6

不敢炮 6 退 6，红马五进三杀。

32．车三平四 将5进1 33．车四平八 将5进1

34．车八退四

红方基本胜定。

总结：此局中红方车马炮的运用可谓经典，棋迷朋友们可以多摆几遍加深理解，从演变的结果来看，黑方卒5进1的变着也难逃厄运，难道黑方对于红方的中路进攻束手无策了吗？下一节我们继续给大家解谜。

红车四进二变7

1. 炮二平五　马8进7　　　2. 马二进三　车9平8

3. 车一平二　马2进3　　　4. 兵七进一　卒7进1

5. 车二进六　炮8平9　　　6. 车二平三　炮9退1

7. 马八进七　士4进5　　　8. 炮八平九　车1平2

9. 车九平八　炮9平7　　　10. 车三平四　马7进8

11. 车四进二　炮7进5　　　12. 相三进一　炮2进4

13. 马七进六　马8退7　　　14. 仕四进五　车8进6

15. 兵五进一　炮7平3

16. 兵五进一　卒5进1

17. 车四退一　象3进5

18. 车四平三　炮3平7

19. 炮五进五　象7进5

20. 车三平五　炮2平5

21. 马三进五　车2进9

22. 车五平七　车2退2

23. 马六进七　炮7平9　（如图）

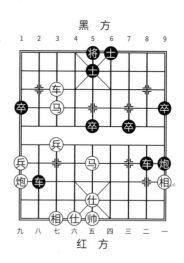

之前黑方车 2 平 9 和卒 5 进 1 的变化都不太理想，本节我们来介绍一下黑方炮 7 平 9 的变化，看上去非常凶险。

24．马五进六　…………

跃马是最为自然的走法，黑方有什么反击手段？

24．…………　炮 9 退 1

退炮准备挂中炮反击，是正确的选择，如车 2 平 9，红马七退五，车 8 退 5，炮九平五，红方胜定。

25．马六进五　…………

如马七进五，黑炮 9 平 5，仕五退四（如帅五平四，黑车 8 平 6，仕五进四，车 2 平 6，帅四平五，前车 6 平 5，仕六进五，车 5 平 1，仕五进六，炮 5 退 3，马六进五，车 1 平 4，黑方胜定），车 2 平 5，仕六进五，车 5 平 1，仕五进六，车 8 平 5，仕四进五，车 5 平 6，仕五退四，炮 5 退 3，马六进五，车 1 平 4，红方无杀着，黑方胜定。

25．…………　炮 9 平 5　　26．仕五退四　…………

不能仕五进六，黑车 8 进 3，帅五进一，车 2 进 1，帅五进一，车 8 退 2，绝杀。

26．…………　车 2 平 5　　27．仕六进五　车 5 平 3

面对边炮的诱惑，黑方不为所动，避开了红方的陷阱，如误走车 5 平 1 吃炮，红仕五进六，车 8 平 5（不能车 1 平 4，红马五进三再车七进二连杀），仕四进五，车 5 平 6，帅五平六，炮 5 退 3，相七进九去车，红方残棋明显占优。

28．仕五退六　士 5 进 6

夺取优势的关键！攻不忘守，使得红方车双马无从发力。

29．炮九进四　…………

无奈的选择，如改走马七退五，黑车 3 平 5，仕六进五，车 5 平 1，仕五进六，车 1 平 4 从容解杀，黑方多子胜定！

29．…………　车 3 平 5

黑方开始了双车的表演，如直接车 8 平 5，红仕四进五，车 5 平 1，相七进五，车1退3，马五退六！黑方3路车位置不佳，红车双马颇多骚扰，黑方不满意。

30. 仕六进五　车5平1　　31. 仕五退六　车8平5

32. 仕四进五　车5平1　　33. 相七进五　后车平8

以上黑方连打带杀占据要位，缓吃红炮，次序井然。

34. 相一退三　车1退4

8路车攻守两利，再消灭红炮。

35. 马五退六　车8进3　　36. 帅五平四　车1进3

以下红方只能车七平四解杀，黑士6进5，红无杀着，黑方多车胜定。

总结： 通过激烈战斗的演变，黑炮9退1的走法还是经受住了考验，取得了优势，当然喜爱下红方的棋迷朋友们不要气馁，此路变化红方还是有改进的余地的，且看下回分解。

红车四进二变8

1. 炮二平五　马8进7　　2. 马二进三　车9平8

3. 车一平二　马2进3　　4. 兵七进一　卒7进1

5. 车二进六　炮8平9　　6. 车二平三　炮9退1

7. 马八进七　士4进5　　8. 炮八平九　车1平2

9. 车九平八　炮9平7　　10. 车三平四　马7进8

11. 车四进二　炮7进5　　12. 相三进一　炮2进4

13. 马七进六　马8退7　　14. 仕四进五　车8进6

15. 兵五进一　炮7平3　　16. 兵五进一　卒5进1

17. 车四退一　象3进5

18. 车四平三　炮3平7

19. 炮五进五　象7进5

20. 车三平五　炮2平5

21. 马三进五　车2进9

22. 车五平七　车2退2

23. 马六进七　炮7平9

24. 马五退三　………（如图）

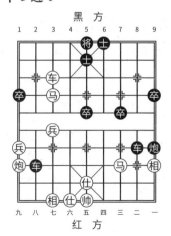

上一节红方马五进六无功而返，这回改头换面，马入车口，给黑方设置考验。

24.········· 炮9退1

延续上一节架中炮的变化，另有车2平7吃马的变化，后面会讲到。

25.马七退五 ·········

红方三路马投入防守，前线车马进攻，分工明确。

25.········· 车2平7

另有炮9平5的变化，红相七进五，黑车2平5，车七进二，士5退4，马五进四，将5进1，车七退一，将5进1，车七退一，将5退1，马四退六，将5退1，车七平五，士6进5，炮九进四，将5平6，马六退五，车5平7，炮九进三，将6进1，马五进四，红方胜定。

26.车七进二 ·········

车马如何进攻破门呢？大家可以想一想。

26.········· 士5退4

27.马五进六 将5进1

28.马六退四 将5平6

29.炮九平四 炮9平6

万般无奈的选择，首先车7平6，红仕五进四，残棋黑方肯定非常危险。然后黑方为什么不走车8平6呢？红有仕五退四的绝妙手段，黑车7平6，红马四进二，将6进1，车七退二，绝杀！

30.车七平六 ·········

简明实用的走法，准备车六平五做杀。

30.········· 车8平5

即便车8平6也无法解救，红车六平五，炮6进2，马四进六，将6进1，马六退五，将6退1，马五进三，将6进1，车五平四，红方胜。

31. 马四进六　将6平5　　32. 车六平五　将5平4

33. 车五退六　将4进1　　34. 仕五退四

绝杀，红方胜！

　　总结： 又是天马行空！红方在此变当中攻守两端双马的运用可谓妙到颠毫，通过演变，黑方炮9退1的选择虽然积极，但是成算不足，接下来的章节将会给大家带来黑方最优的选择。

红车四进二变9

1. 炮二平五	马8进7	2. 马二进三	车9平8
3. 车一平二	马2进3	4. 兵七进一	卒7进1
5. 车二进六	炮8平9	6. 车二平三	炮9退1
7. 马八进七	士4进5	8. 炮八平九	车1平2
9. 车九平八	炮9平7	10. 车三平四	马7进8
11. 车四进二	炮7进5	12. 相三进一	炮2进4
13. 马七进六	马8退7	14. 仕四进五	车8进6
15. 兵五进一	炮7平3	16. 兵五进一	卒5进1
17. 车四退一	象3进5	18. 车四平三	炮3平7
19. 炮五进五	象7进5	20. 车三平五	炮2平5
21. 马三进五	车2进9	22. 车五平七	车2退2
23. 马六进七	炮7平9		

24. 马五退三　车2平7（如图）

在炮9退1的尝试以失利告终后，黑方选择了最为朴实无华的吃马。

25. **炮九平五**　…………

还架中炮做杀，既定的方针，来看黑方如何应对。

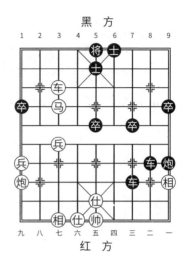

25. …………　车8进3

正确的走法！如贪走车8平4解杀，红马七进五，士5进4，车七进二，将5进1，马五退三，车7平5（不能将5平4，红车七退一，将4退1，马三进四，士4退5，车七进一，将4进1，马四退五，将4进1，车七退二，绝杀），相七进五，黑方后防紊乱，难以对抗。

26. **仕五退四　车7平5**

果断弃车，是取得对抗的关键走法！如改走炮9平5，红炮五进三，士5退4，马七进五，士6进5，炮五平四！车7平5，仕六进五，车5平3，仕五退六，将5平6，车七退一，红车马炮珠联璧合，黑方双车低头无力防守，输定。

27. **相七进五　炮9平3**

及时牵制红方的车马，黑方已经渡过了难关。

28. **兵七进一　车8退6**

牵制红方车马，黑方多兵，且看红方如何脱困。

29. **车七进二　士5退4　　30. 马七退五**　…………

同样是巧妙的先弃后取，摆脱牵制。

30. ·········· 炮 3 退 6

31. 马五进四　将 5 进 1

32. 马四退二　炮 3 平 1

33. 马二进四　炮 1 进 6

34. 马四退三

子力消耗殆尽，双方势均力敌，基本和定。

总结： 这一节所介绍的是此变例当中红黑双方输攻墨守的变化，变化的结果双方可战。对于喜欢采用五九炮车四进二变化的棋友，本节是一定要掌握的内容，结合之前几节的变着演示，我想大家对于这路新式车四进二的攻防之法已经有了各自独到的见解。

红车四进二变10

1. 炮二平五　马8进7　　2. 马二进三　车9平8

3. 车一平二　马2进3　　4. 兵七进一　卒7进1

5. 车二进六　炮8平9　　6. 车二平三　炮9退1

7. 马八进七　士4进5　　8. 炮八平九　车1平2

9. 车九平八　炮9平7

10. 车三平四　马7进8

11. 车四进二　炮7进5

12. 相三进一　炮2进4

13. 兵五进一　………（如图）

兵五进一的变化是20世纪90年代初期曾一度流行的阵法，直接威胁要车四退五捉炮。

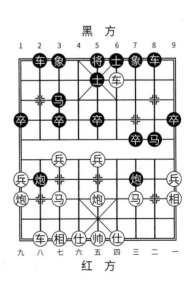

13.………　炮7平3

迎接红方的挑战，以前出现过卒7进1的应法，相对消极，红方可以先车四退五再相一进三飞兵，占据空间的优势。

14. 马三进四 ……………

拍马直攻，是重点要讲的变化，另有兵五进一的选择，黑卒 5 进 1，马七进五则缓和很多，双方另有攻守之道。

14. …………… **马 8 进 7**

跃马是正着！如卒 7 进 1，则正中红方陷阱，红马四进五，马 3 进 5，炮五进四，象 3 进 5，车四退五，黑方崩溃。

15. 兵五进一 ……………

继续冲兵，准备马四进六踩双，黑方怎么办呢？

15. …………… **炮 3 平 9**

以攻对攻！

16. 马四进六 马 7 进 9   17. 炮五平二 ……………

无奈的走法，如马六进七，黑马 9 进 7，车四退七，炮 9 进 3，帅五进一（如仕四进五，黑炮 2 平 5！马七进五，车 2 进 9，车四平三，车 8 进 9，仕五退四，炮 9 平 6，红方无法防守），炮 2 平 5，炮五平三，车 2 进 9，马七退八，炮 9 退 1，红方丢车不行。

17. …………… **炮 9 退 2**

抓住红方中路空虚的问题，及时进行攻击。

18. 车四退五 …………

顽强的选择，如马六进七，黑炮 9 平 5，帅五进一，炮 2 平 5，帅五平六，车 2 进 9，马七退八，车 8 进 7，黑方大优。

18. ………… **炮 2 平 3**

好棋！通过转换获得了满意的形势。

19. 车四平七 …………

如车八进九，黑炮 3 进 3，仕六进五，马 3 退 2，红方毫无所得。

19.………　车2进9

20.马七退八　车8进7

21.炮九平一　………

无奈换马，如马八进七，黑车8平3！车七退一，马9进7，帅五进一，炮9进4，绝杀！

21.………　车8平9　　22.马六进七　卒5进1

红方虽多子，但黑方多兵且车炮位置较佳，局面乐观。

　　总结： 红方第十五回合兵五进一的选择在实战来看不太理想，黑方一系列的反击手段很精彩！下一节我们将会介绍红马四进五的变化。

红车四进二变11

1. 炮二平五　马8进7

2. 马二进三　车9平8

3. 车一平二　马2进3

4. 兵七进一　卒7进1

5. 车二进六　炮8平9

6. 车二平三　炮9退1

7. 马八进七　士4进5

8. 炮八平九　车1平2

9. 车九平八　炮9平7

10. 车三平四　马7进8

11. 车四进二　炮7进5　　　12. 相三进一　炮2进4

13. 兵五进一　炮7平3　　　14. 马三进四　马8进7

15. 马四进五　……………（如图）

本节给大家介绍红马四进五的变化。

15. ……………　炮3平9

正着！如改走马3进5，红炮五进四，象3进5，车四退五，黑方不行。

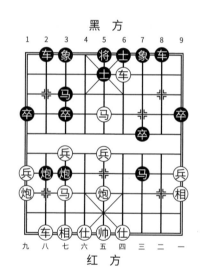

黑　方

红　方

16. 马五进七　…………

除此之外，红还有马五进三的变化：黑炮 2 平 5，仕六进五，车 2 进 9，马七退八，车 8 进 2，红无所获，黑方反先。

16. …………　炮 2 平 5　　17. 仕四进五　…………

面对黑方的弃子抢攻，红有仕六进五、炮五平三、炮五平六等应法，本节介绍红仕四进五的走法。

17. …………　车 8 进 9

眼看着红方底线空虚，黑方能找到有效的进攻方案吗？

18. 车四退八　马 7 进 8

好棋！一举攻破红方看似牢固的防线。

19. 后马进五　…………

如车四平二，黑马 8 退 6，帅五平四，炮 9 平 6，黑方胜。

19. …………　马 8 进 6

抢先叫杀，如先车 8 平 6，红仕五退四，车 2 进 9，黑方虽优，但不如实战。

20. 士五退四　…………

如车八进九，黑马 6 退 7，仕五退四，车 8 平 6，绝杀！

20. …………　车 2 进 9

清点战场，黑方多子胜定。

　　总结： 本节变化短小精悍，面对红方的疑问手仕四进五，黑方的攻杀线路值得学习，接下来的章节，我们会陆续给大家介绍红方不走仕四进五的其他几路走法，请棋迷朋友们仔细阅读。

红车四进二变12

1. 炮二平五　马8进7　　2. 马二进三　车9平8

3. 车一平二　马2进3　　4. 兵七进一　卒7进1

5. 车二进六　炮8平9　　6. 车二平三　炮9退1

7. 马八进七　士4进5

8. 炮八平九　车1平2

9. 车九平八　炮9平7

10. 车三平四　马7进8

11. 车四进二　炮7进5

12. 相三进一　炮2进4

13. 兵五进一　炮7平3

14. 马三进四　马8进7

15. 马四进五　炮3平9

16. 马五进七　炮2平5

17. 仕六进五　…………（如图）

本节所介绍的仕六进五的变化是红方

最为常见的应对。

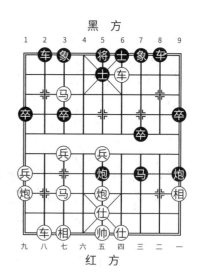

17.………… 车2进9

18.后马退八 车8进2

黑方已少一子，抬车准备发动攻击，是当前局面下唯一的方案。

19.马七退九 …………

回马是自然的应着，在高手对局中也出现过车四退六稳健的选择，黑车8平3，红马八进七，炮5平2得回失子后，黑方形势不差。

19.………… 车8平2

连贯的攻击手段，但是凑红马出击是何用意呢？

20.马八进七 马7进9

再弃一子进攻，是此变的关键着法，给红方的防守提出了很大的考验！

21.马七进五 …………

贪吃黑炮，导致崩溃，但如果改走帅五平六，效果如何呢？黑方可以马9进7，车四平二（如马七进五，则还原成实战走法），炮5平8！炮五平三，炮9进3，帅六进一，车2进6，帅六进一，炮8平7，红虽多一子，但是帅位不佳，很难守住黑方的攻势。

21.………… 马9进7

22.帅五平六 炮9进3

23.帅六进一 车2进6

精巧的顿挫！比直接马7退5更富有攻击性。

24.帅六进一 车2退2

25.帅六退一 马7退5

吃回一炮后，红方阵型已经千疮百孔了。

26.炮九平七 …………

无奈的选择，如再马五退三躲马，黑车2进2，帅六进一，车2退1，帅六退一，马5退3连将杀！

26.………… 车2平5

得回失子后，黑方胜势。

> **总结：** 此变当中黑方车马炮的运用可谓非常巧妙，抓住红方车位较低的弱点，获得了明显的优势，也正因为这样的变化，红方第十七回合仕六进五的选择在实战当中已经很少再出现了。那么红方还有什么对黑方考验较大的应将手段呢？下一节继续给大家介绍2010年之后，棋手们挖掘出的新式飞刀。

红车四进二变13

1. 炮二平五　马8进7　　2. 马二进三　车9平8

3. 车一平二　马2进3　　4. 兵七进一　卒7进1

5. 车二进六　炮8平9　　6. 车二平三　炮9退1

7. 马八进七　士4进5　　8. 炮八平九　车1平2

9. 车九平八　炮9平7　　10. 车三平四　马7进8

11. 车四进二　炮7进5　　12. 相三进一　炮2进4

13. 兵五进一　炮7平3　　14. 马三进四　马8进7

15. 马四进五　炮3平9

16. 马五进　炮2平5

17. 炮五平三　………（如图）

让黑方摆空头炮，是本节要介绍的变化，看上去非常凶险。

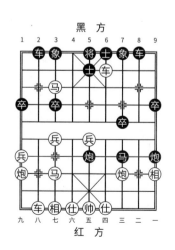

17. ………　马7进5

黑方唯一正确的应对！如先选择车2进9，则为红方所乘，红马七退八，车8进2，马七退九，象7进9（闷宫的威胁始终要补一手），马八进七，马7进9，炮三退二！马9进7，车四退七，黑方攻势化解，红方多子，大占优势。

18. 后马进五　马5进3

正确的方向！如马5进7，红车四退七，车2进9，车四平三，一车换三，红方多子占优。

19. 马五退六　车2进9

红方一车换双，子力上并不便宜，怎么对黑方继续考验呢？

20. 车四平二　…………

把黑车请回家，常用的手段。

20. …………　车8平9　　21. 炮三退一　…………

次序井然，如直接车二退五，黑车2退3兑车，反夺主动。

21. …………　车2平3

贪吃红相，误入陷阱！正着是车2退7交换，红炮三平七，黑车2平3，双方可战。

22. 炮九进四　炮9平4　　23. 炮九进三　象3进5

如炮4退6，红马七进六，士5退4，车二平六，士6进5，炮三平五，黑士象被破，双车低位，很难抵挡红车双炮的攻势。

24. 炮三平七　车3退1

如车3平4，红帅五进一，9路车还在家睡觉，黑方少子，无力抗争。

25. 车二退六　…………

回头望月！黑不敢车3平4，红车二平八，三子归边，黑方难以抵挡。

25. …………　车3平2　　26. 马六进八

阻止黑车回防，至此黑方侧翼门户大开，红方大占优势。

总结：让空头的新颖着法还是很有攻击性的，第二十一回合的变化是分水岭，吃相导致吃亏，如能车2退7交换，则黑方可以抗衡。棋迷朋友们可以学习一下红方炮五平三的变化，对黑方不无考验。

红车四进二变14

1. 炮二平五　　马8进7　　2. 马二进三　　车9平8

3. 车一平二　　马2进3　　4. 兵七进一　　卒7进1

5. 车二进六　　炮8平9　　6. 车二平三　　炮9退1

7. 马八进七　　士4进5　　8. 炮八平九　　车1平2

9. 车九平八　　炮9平7　　10. 车三平四　　马7进8

11. 车四进二　　炮7进5

12. 相三进一　　炮2进4

13. 兵五进一　　炮7平3

14. 马三进四　　马8进7

15. 马四进五　　炮3平9

16. 马五进七　　炮2平5

17. 炮五平六　　………（如图）

在上一节红炮五平三的基础上，今天我们再来看看炮五平六的变化，真可谓是"花式弃空头"。

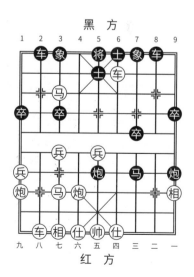

17.………… 车 2 进 9

没有了马 7 进 5 再马 5 进 3 的抽车手段，黑方只能兑车。

18.后马退八　卒 7 进 1

深思熟虑之后方有此着！在剑拔弩张的对攻局面下，选择过卒，真是轻巧。正常情况下黑方会选择车 8 进 8（红不敢马八进七，黑马 7 进 9，攻势如潮），红方有炮九平八的妙手！演变如下，黑车 8 平 2（炮 5 平 2 稍微顽强），炮八进八，象 3 进 5，炮六进七，象 5 退 3，炮六退六，象 3 进 5，炮六平三，红方得子大优！

19.马八进七　…………

除此以外，红方另有相一进三的变化，黑炮 9 进 3，帅五进一，车 8 进 8，车四退七，车 8 平 6，绝杀。

19.………… 炮 9 退 1

攻击红方中兵，线路清晰！

20.兵五进一　炮 9 平 3

黑炮左右逢源，红方难以招架了。

21.后马进六　炮 3 退 3

至此，黑方得回失子，明显占优。

总结： 从实战的演变进程来看，红方炮五平六的走法尽管具有很强的欺骗性，但是一旦黑方走出卒 7 进 1 的选择之后，红方还是较难处理的。棋迷朋友们在学习这一章内容的时候一定要洞悉红方和黑方的一些陷阱，才可以在实战当中做到胸有成竹。

第五章

中炮过河车
对屏风马左马盘河横车

红车四退一吃马变

1. 炮二平五　　马 8 进 7

2. 马二进三　　车 9 平 8

3. 车一平二　　马 2 进 3

4. 兵七进一　　卒 7 进 1

5. 车二进六　　马 7 进 6 （如图）

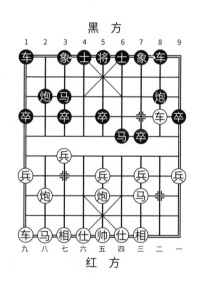

左马盘河从 20 世纪六七十年代流行至今，衍生出了很多激烈的攻防变化，和炮 8 平 9 平炮兑车是应对红过河车的两大法宝。

6. 马八进七　　车 1 进 1

在 2000 年之后，提横车的选择取代了老式的象 3 进 5 和象 7 进 5，成为最主流的左马盘河对抗过河车的选择，因大子出动迅速，受到棋友们的喜爱，另有直接卒 7 进 1 反击的变例，后面我们会专门给大家讲解。

7. 兵五进一　　············

直攻中路是最为常见的进攻左马盘河的方案，另有车二平四、炮八进三等选择一稳一凶，按照全国大赛的出现频率来说，还是兵五进一最高。

7.………… 卒7进1

直接反击是必然的选择，如果走象7进5防守中路，红兵五进一，卒5进1，马七进五，卒5进1，炮五进二，士4进5，炮五平二，红方大优。

8. **车二平四** 卒7进1

卒吃必然，如选择马6进8，红马三进五，卒7进1，兵五进一，红方厉害；又如马6进7，红兵五进一，黑方反击乏力。

9. **兵五进一** 卒7进1   10. **车四退一** …………

先用车吃马是一种常见的变化，还有一种兵五进一的选择，后面会给大家介绍。

10.………… 炮8平5

还架中炮，活通车路是正常的应对。

11. **马七进五** …………

跃马助攻也是常见的选择，如改走兵五进一，黑马3进5，炮五进五，象7进5，炮八平三，双方迅速简化，基本均势。

11.………… 炮2进2

面对红方马五进六以及炮八平三再出车的进攻选择，黑方进炮打车，是一举多得的好棋！

12. **车四进一** …………

首先不能兵五进一，黑炮5进4带响，红方丢子；如果改走马五进六，黑方车1平4，准备车4进3硬吃马，红车马兵三子被牵制，也不理想。从技术的角度考虑，红方最好的选择是车四退二避让，还可以保持大体相当的局面。

12.………… 卒3进1

局面的矛盾在于红方一旦马五进六攻黑弱马，则黑方中路防线动摇，所以黑方深明大义，果断弃卒断红马路，是及时的好着。

13. **兵七进一** 炮2平5

消灭中兵之后，红方中路马炮变成活靶子，已经非常尴尬了。

14．车四退三　··········

如果炮五进三，黑卒5进1，红马丢；又改走兵七进一，黑炮5进3，相七进五，炮5进4带响，红方丢子。

14．··········　车1平2　　15．炮八平三　··········

另有炮八平七的变化，黑车2进5，炮七进五，炮5进3，相七进五，炮5进4，黑卒迫近九宫，红方也难以抵御。

15．··········　车2进5

以下红如炮三进一，黑车8进6牵制，红方有丢子的危险，黑方占优。

总结： 第十回合红车四退一的选择遭到黑方炮2进2的反击，从实战效果来看，欲求再进取已非常困难，所以在大师对局当中出现很少，取而代之的是兵五进一直冲的走法，我们将会在后面的章节给大家介绍。

红兵五进一变1

1. 炮二平五 马8进7　　2. 马二进三 车9平8

3. 车一平二 马2进3　　4. 兵七进一 卒7进1

5. 车二进六 马7进6　　6. 马八进七 车1进1

7. 兵五进一 卒7进1　　8. 车二平四 卒7进1

9. 兵五进一 卒7进1　　10. 兵五进一 …………（如图）

本节开始我们给大家介绍红方最为主流的兵五进一的走法。

10.………… 士4进5

11. 车四退一 车1平4

黑车及时投入战斗，是当前局面下应走之着，如果贪走马3进5去兵，红炮八进四，卒3进1，马七进六得子，黑方明显吃亏。

12. 兵五平四 …………

平兵是最为主流的选择，此外还有马七进五、车九进一、仕六进五等变化，出现频率不及平兵。

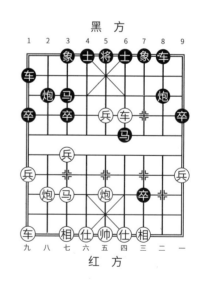

12.…………　炮8平5

还架中炮亮车是最常见的选择，有些棋手喜欢下象7进5的变化，红车四平二拉住，从发展趋势上来看，红方容易控制局面。

13. 仕六进五　车8进6

控制红方马盘中路，从局面来看，黑方双车出动，颇有反击之势，红方怎么来进攻呢？

14. 兵四进一　…………

下兵是唯一的进攻线路，如求稳炮五进一准备相七进五调整，则与之前中路进击的指导思想相悖，先手不易发挥。

14.…………　炮5进1

黑炮被捉，躲一步是最为自然的反应，效果如何呢？

15. 炮八进四　…………

正确的进击手段！如果选择车四平五，黑炮2平6！炮五进四，炮6平5弃子后，接下来有车4进2、车8平3等进攻线路，红方局面失控。

15.…………　车8平3　　16. 炮八平五　马3进5

17. 车四平五　…………

黑马不能躲，被迫交换。

17.…………　车3进1　　18. 车五进一　…………

交换之后，红方中路攻势明显强过黑方侧翼骚扰，已经占得优势。

18.…………　将5平4　　19. 炮五平六　将4平5

20. 车九平八　车4进1　　21. 兵四进一

对攻之中红方占优。

总结：从演变的结果来看，黑方吃亏的根源在于第十四回合炮5进1躲炮，那么更具对抗性的应着是什么呢？下一节我们继续学习。

红兵五进一变2

1. 炮二平五　马 8 进 7　　2. 马二进三　车 9 平 8

3. 车一平二　马 2 进 3　　4. 兵七进一　卒 7 进 1

5. 车二进六　马 7 进 6　　6. 马八进七　车 1 进 1

7. 兵五进一　卒 7 进 1　　8. 车二平四　卒 7 进 1

9. 兵五进一　卒 7 进 1　　10. 兵五进一　士 4 进 5

11. 车四退一　车 1 平 4

12. 兵五平四　炮 8 平 5

13. 仕六进五　车 8 进 6

14. 兵四进一　车 8 平 3（如图）

置黑炮被捉不顾,攻击红马,是当前局面下黑方最为有效的对抗方案,特级大师洪智在实战中对此阵运用较多。

15. 兵四平五　炮 2 平 5

消灭红兵势在必行,如果车 3 进 1 吃马,红方不论是兵五进一还是兵五平六,空头炮威力太大,黑方难以抵挡。

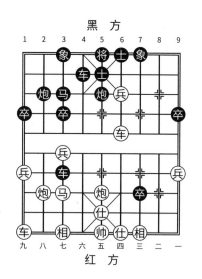

16. 车九进二 ···········

采用较多的选择，暗保七路马，另有马七退六的变化简单介绍如下，黑卒 7 进 1，红车四平五，车 4 进 7，红方多子，黑方双车卒有攻势，双方互有顾忌。

16.··········· **卒 7 平 6**

钩心斗角的战斗从这个送卒开始，如随手车 3 进 1，红炮八进七，马 3 退 2，车九平七，将 5 平 4，车四平五，红方多车占优。

17. 炮五进一 ···········

不敢走车四退三，黑车 3 进 1，红炮八进七，马 3 退 2，车九平七，将 5 平 4，绝杀！

除了实战的炮五进一，另有炮五进三的选择，后面会详细给大家介绍。

17.··········· **车 4 进 5**

进车暗伏车 4 平 5 的手段。

18. 车四退二 ···········

保留变化的选择，如直接相七进五，黑车 3 进 1，炮八进七，马 3 退 2，车九平七，车 4 平 5，得回失子后，黑方可以抗衡。

18.··········· **卒 3 进 1**

前方攻势受阻，驱动后方马队投入战斗，思路正确！如直接卒 6 进 1，红相七进五，黑方后续乏力，少子有隐患。

19. 兵七进一 ···········

还有一个炮八平四的选择，黑马 3 进 4，炮四平五，马 4 进 5，车四平五，车 4 平 5，马七进五，车 3 平 5，炮五进五，一番大交换后，和局。

19.··········· **卒 6 进 1**

20. 相七进五 ···········

如炮八退一，黑方既可以车 4 进 2，又可以选择将 5 平 4 威胁车 3 进 1 吃马，红方大亏。

20.………… 车3退2　　21. 车四退二　车4平3

双车吃马，可以得回一子。

22. 炮八进五　前车进1　　23. 车九平七　车3进3

24. 炮八平五　象3进5

双方基本均势。

总结：此变走法双方输攻墨守，黑方在弃子之后抓住红方中路和七路线的问题，适时得回一子，可以取得均势的局面。在下一节当中，我们将继续给大家介绍红方在第十七回合炮五进三的变化，也是目前在全国大赛当中红方出现最多的选择。

红兵五进一变3

1. 炮二平五　马8进7　　2. 马二进三　车9平8

3. 车一平二　马2进3　　4. 兵七进一　卒7进1

5. 车二进六　马7进6　　6. 马八进七　车1进1

7. 兵五进一　卒7进1　　8. 车二平四　卒7进1

9. 兵五进一　卒7进1

10. 兵五进一　士4进5

11. 车四退一　车1平4

12. 兵五平四　炮8平5

13. 仕六进五　车8进6

14. 兵四进一　车8平3

15. 兵四平五　炮2平5

16. 车九进二　卒7平6

17. 炮五进三　………（如图）

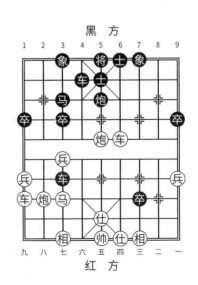

炮五进三的选择最早是特级大师蒋川在实战当中弈出的变化，对黑方的应对提出了考验。

17.………… 将5平4

出帅助攻威胁要车3进1吃马，如直接车4进3，红炮八平四，黑马3进5，红炮五进二叫将抽车，立取胜局。

18.**相七进五　车4进3**

牵制红方车炮势在必行。

19.**炮八退二**　…………

退炮威胁打车是此变的正应，如仕五进四，黑马3进5得回失子，反占攻势。

19.………… 马3进5

正着，如选择卒6平5，红炮八平六叫将，黑方顿显尴尬。

20.**炮八平七**　…………

红方平炮打车看似漫不经心，实际上给黑方设置了一个陷阱。

20.………… 车3平9

躲车的同时顺手牵羊，大部分棋友第一感觉也是如此，看看以下红方是如何进取的。

21.**马七进五**　…………

出人意料的好棋！眼看着黑方即将得回失子，红方再献中马，"买一送一"。

21.………… 车4平5

吃炮是无奈的选择，如果选择车9平5，红炮五进二！车4平6，炮五退四倒打一耙，红方得子占优。

22.**车四平五　炮5进2　　23.马五进三**

一着跳马捉双，黑方必丢一子，红方的布局飞刀收效不错。

总结：红炮五进三的飞刀变化短小精悍，黑方第二十回合的应对肯定是有问题的，但却是棋迷朋友们很容易犯的错误，需引以为戒。下一节我们将继续给大家讲解黑方的其他应着。

红兵五进一变4

1. 炮二平五　马8进7　　2. 马二进三　车9平8

3. 车一平二　马2进3　　4. 兵七进一　卒7进1

5. 车二进六　马7进6　　6. 马八进七　车1进1

7. 兵五进一　卒7进1　　8. 车二平四　卒7进1

9. 兵五进一　卒7进1　　10. 兵五进一　士4进5

11. 车四退一　车1平4　　12. 兵五平四　炮8平5

13. 仕六进五　车8进6

14. 兵四进一　车8平3

15. 兵四平五　炮2平5

16. 车九进二　卒7平6

17. 炮五进三　将5平4

18. 相七进五　车4进3

19. 炮八退二　马3进5

20. 炮八平七　车3平2（如图）

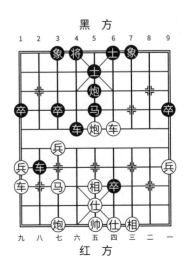

上一节黑车3平9效果不够理想，这一

节介绍的躲车2路是当前局面下的正着，避

开了红方可能的攻击。

21. 炮七平六 ············

再平炮以将来考验黑方，次序井然，如被黑方顺利车 4 平 5 吃回中炮，红方将失去先手。

21. ············ 车 4 平 5

吃炮接受挑战，如将 4 平 5，红方始终有炮五进二再车四平六的得车手段。

22. 马七进六 ············

先跳马叫将正确，如车四平五，炮 5 进 2，马七进六，黑方可以炮 5 平 4 兑换，黑方反占多兵之利，红方不合算。

22. ············ 车 2 平 4

唯一的应着，如将 4 平 5，红车四平五，炮 5 进 2，马六进五，红方得子占优。

23. 仕五进六 ············

打车给黑方持续的考验，如马六进七，黑车 4 进 3，仕五退六，车 5 平 6，黑方多子大优。

23. ············ 车 4 退 1

弃车是唯一正确的选择！如车 5 平 6，红炮六进三，将 4 平 5，马六进四，黑方双车尽失。

24. 车四平五　炮 5 进 2　　25. 相五退七　炮 5 平 8

26. 炮六进四　马 5 进 4

交换之后，红车比马炮稍强，但子力简化过多，取胜困难。

总结：红方炮五进三的变化确实给了黑方更多的考验，实战中，黑方几度面临考验，在丢子的边缘徘徊，幸而有弃车的选择，可保局势无虞。对于喜欢下左马盘河横车的爱好者来说，此变是一定要掌握的内容；对喜欢下炮方的棋友来说，此变也可以作为考验对方的一路选择，一旦黑方应对不当，很容易获取优势。

中炮过河车对屏风马左马盘河急进7卒变1

1. 炮二平五　马8进7　　2. 马二进三　车9平8

3. 车一平二　马2进3　　4. 兵七进一　卒7进1

5. 车二进六　马7进6　　6. 马八进七　卒7进1　（如图）

在2000年年初出现并流行过直接下卒的变化，属于急攻型的走法，直接和红方展开肉搏。本节把这路变化介绍给大家。

7. 车二平四　…………

平车捉马正常，如果选择车二退一，黑马6进7，车二平三，象7进5，车三退一，车8平7，红方先手不明显。

7. …………　马6进8

进马是具备攻击力的选择，如果卒7进1，红车四退一，卒7进1，马七进六，炮8平5，炮八平三，红方子力位置俱佳，局面主动。

8. 兵三进一　…………

主动弃马，是类似局面下化解黑方攻

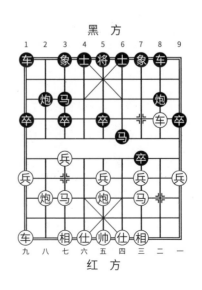

势的好手段！也有马三退五的变化，黑卒7进1，马七进六，炮8平5，双方短兵相接，互有顾忌。

8．………… 马8进7

如果选择走炮8平7，红马三退五（也可以选择马三退一），黑方8路马位置尴尬，局面明显吃亏。

9．炮五进四 马3进5

吃炮也是必然，如果选择马7退9，保留多子，红炮五退一（如炮五退二，黑炮8进3），马9退7，车四退二，空头炮威力太大，黑方无法应付。

10．车四平五 炮2平5

还炮出车是正常的思路，另有士6进5的变化，下节讲解。

11．炮八平三 炮8进7 12．仕六进五 …………

分析局面红方已经多兵，但黑方有天地炮的攻势，补士固防正确！如随手相七进五，黑车8进7，炮三进七，士6进5，马七进六，车1平2，接下来有车2进8双鬼拍门的攻势，黑双车出动有攻势，红方难以控制局面。

12．………… 车8进7 13．炮三平四 士6进5

如车1平2，红车九平八"仗势欺人"，多兵占优。

14．相七进五

红方阵型稳正，多兵且兵种占优。

总结： 本节所介绍的变化，红方攻守兼备，取得了主动，黑方第十回合炮2平5的变化有些呆板，失去了此炮进攻的活力，下一节我们继续给大家带来此路变化的讲解。

中炮过河车对屏风马左马盘河急进7卒变2

1. 炮二平五　马8进7　　2. 马二进三　车9平8

3. 车一平二　马2进3　　4. 兵七进一　卒7进1

5. 车二进六　马7进6　　6. 马八进七　卒7进1

7. 车二平四　马6进8　　8. 兵三进一　马8进7

9. 炮五进四　马3进5　　10. 车四平五　士6进5（如图）

这一节主要给大家介绍黑士6进5的变化，需要注意的是，出于同样的目的，如果走士4进5，红炮八平三，炮8进7，红有车五平二的攻击手段，黑方丢子。

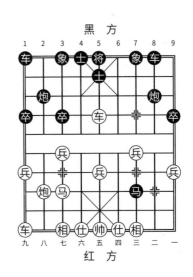

11. 炮八平三　炮8进7

和上一节的内容相比，黑方的2路炮有更大的灵活性。

12. 仕六进五　…………

补仕是正应，如先车九平八，黑车1进2蓄势待发，红方还需补仕。

12.………… 　车 8 进 7

13. 炮三进七　………

弃子抢攻！是红方最为犀利的选择，另有炮三平四的变化，介绍如下，黑炮 2 平 6（威胁要炮 6 进 7 打士），红车五平四，炮 6 平 5（威胁要车 8 平 7 破相），车四平五，炮 5 平 6 双方不变作和，红方进取困难。

13.………… 　车 8 平 3

14. 车五平二　车 1 平 2

弃还一子势在必行，如炮 8 平 9 避让，红车二进三抽车，接下来可以车九平八出动，黑方九宫四面漏风，虽多子，但难以防范。

15. 炮三平一　………

先行抽车是精确的应着，如直接车二退六吃炮，黑炮 2 进 7，相七进五，车 2 进 8，准备接下来车 3 进 2 再车 2 平 4 做杀，红方被迫以车换炮，落入下风。

15.………… 　将 5 平 6

如炮 2 进 7，红车九平八，车 2 进 9，车二进三，士 5 退 6，车二退七，士 6 进 5，车二平七，红方多兵得相占优。

16. 车二进三　………

先一将过门，使得黑方的底象落入红炮的火力范围，老练之着。

16.………… 　将 6 进 1

17. 车二退九　炮 2 进 7

18. 相七进九　………

又是精巧的应对，如相七进五，黑车 2 进 8 之后又有车 3 进 2 再车 2 平 4 的杀着。现在相七进九似拙实巧，阻止了黑方车 2 进 8 之后的进攻线路（黑 7 路车在红相口）。

18.………… 　车 2 进 8　　19. 车二进六　………

精细的走法，如直接兵三进一，黑车 3 进 2，仕五退六，车 3 退 3，仕六进五，炮 2 平 6！黑方双车攻势强劲，红方不利。

19.………… 将6退1

20. 兵三进一

红车炮兵畅通无阻,对攻之中大占优势。

> **总结:** 这一节红方在攻防两端都给大家展现了控盘的技巧,黑方虽然演变结果明显下风,但是中间有很多陷阱值得大家好好学习。总的来看,黑方第六回合卒7进1急攻的变化效果不够理想,在最近几年的全国大赛当中,此路变化近乎绝迹。

第六章

中炮七路马直车
对屏风马双炮过河

黑象3进5入陷阱变

1.炮二平五　马8进7

2.马二进三　车9平8

3.车一平二　马2进3

4.兵七进一　卒7进1

5.马八进七　…………（如图）

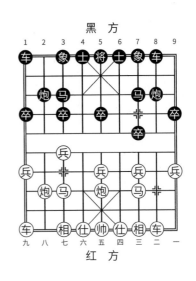

不走过河车而直接出动左侧子力，形成七路马直车的变化，从20世纪50年代甚至更早就有出现，是中炮七路马体系当中非常重要的一个变化。

5.…………　炮2进4

挥炮过河，有炮2平3和炮2平7的双重威胁，是应对红直车七路马最多的选择，早期的棋手在这一步多选择走象3进5（或象7进5），红炮八进二巡河，这样的变化使黑方反弹稍弱，就显得没有那么主流了。

6.兵五进一　…………

直攻中路是最直观的应着，另有车二进四的变化偏于稳健，黑方可以通过炮2平7，红相三进一，车1平2的出子方式取得对抗。

6.⋯⋯⋯⋯ 炮8进4

封住红车是双炮过河布局的组成部分，如果走象3进5，红车二进六在空间上压制，黑方一般不愿这样选择。

7. 车九进一 ⋯⋯⋯⋯

最为传统的变化，另有兵五进一急攻的选择，在后面章节会讲到。

7.⋯⋯⋯⋯ 炮2平3 8. 相七进九 车1平2

9. 车九平六 ⋯⋯⋯⋯

另有车九平四的选择，后面会给大家介绍。

9.⋯⋯⋯⋯ 象3进5

面对红车六进六直观的攻击，补象是最为直观的应对，效果如何呢？

10. 兵三进一 ⋯⋯⋯⋯

好棋，常用的攻击黑方过河双炮的手段。

10.⋯⋯⋯⋯ 卒7进1

无奈的选择，如果走炮3平7，红兵三进一，象5进7，车六进六捉马，红方获得主动；又如选择车2进6，红车六进二，炮8进2，兵三进一，象5进7，车六进四，黑方崩溃。

11. 车六进二 马7进6

丢子已成必然，只能扑马出击浑水摸鱼。

12. 车六平二 车8进6 13. 车二进三 卒7进1

14. 车二进二 马6退7

另有马6进4的选择，红马三退五，下步车二平六赶马，多子大优。

15. 车二进二 马7进6

如卒7进1，红车二平三，卒7平6，炮五平六，下步可以车三退四捉炮，黑少子不行。

16. 兵五进一 ⋯⋯⋯⋯

好棋，如改走马三退五，黑卒7平6，车二退二，马6进7，黑方有骚扰。

16.…………　卒 5 进 1　　17. 车二退二　卒 7 进 1

如马 6 退 7，红车二平五，士 4 进 5，马三进五，红大优。

18. 车二平四　卒 5 进 1　　19. 车四退二　车 2 进 6

20. 仕六进五

将来炮八退二，车四平六再炮八平七谋子，红方多子占优。

> **总结**：黑方第九回合的应着是此变被动的根源，但却是爱好者在实战中大概率会选择的变化，可见棋战之凶险，红方的运子手段值得大家学习。下一节，我们将给大家带来黑方其他的选择。

黑车2平7入陷阱变

1. 炮二平五　马8进7　　2. 马二进三　车9平8

3. 车一平二　马2进3　　4. 兵七进一　卒7进1

5. 马八进七　炮2进4　　6. 兵五进一　炮8进4

7. 车九进一　炮2平3　　8. 相七进九　车1平2

9. 车九平六　炮3平6　（如图）

通过上一节的学习，大家领略到了红兵三进一的威力，所以黑方改为炮3平6，难道不担心红车六进六的手段吗？

10. 车六进六　…………

挥车捉双，是最为自然并且可行的一着。

10. …………　炮6进1

串打红方意图先弃后取，是黑方出现最多的应着，近些年来，黑方又衍生出了象3进5的应对方案，后面的章节我们会详细讲解。需要指出的是，肯定不能选择马7退5，红炮五进四，马5进7，炮五退一，车2进7，车六平三，红空头炮威

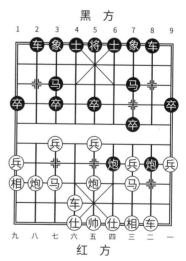

力无穷，胜券在握。

11. 马七进六　…………

跃马是红方积极的一路攻法，如改走车六平七，黑象 3 进 5 必能得回一子（红方不能炮五进四，黑马 7 进 5 踩车），红方无先手。

11. …………　炮 6 平 2

正着！如车 2 进 7，红车六平三，象 7 进 5，车三平四，黑炮尴尬，红方占优。

12. 马六进五　马 7 进 5　　13. 炮五进四　…………

主动弃子放上空头，是既定的战术。

13. …………　车 8 进 3

避开红车六平五再车五平二抽车的手段。

14. 炮五退一　将 5 进 1

黑马已不能躲，上将避开抽将是正着。

15. 车六平七　车 2 进 6

挥车过河压制红方半场，是正确的应对，如贪走车 8 进 2 想要釜底抽薪，红兵三进一！车 8 平 7，车二进三，车 7 平 5，车二平五黑方丢子。

16. 仕四进五　…………

同样是攻守兼备的好棋！如车二进一助攻，黑炮 2 进 2，红相九退七，车 8 进 2，这下就真的被"釜底抽薪"了，局面不利。

16. …………　车 2 平 7（如图）

吃兵压马图谋反击，似乎是顺理成章，但是却掉入红方精心设计的陷阱！另有车 8 进 2 的变化，红方可以车七进一，将 5 退 1，车七退二，黑方不敢车 8 平 5，

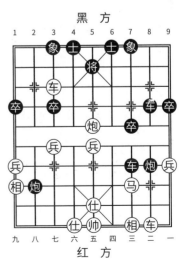

红车七平五再车二进三得子，这样黑方也不行。

17. 马三退一 …………

以退为进，红方正在谋划一出斜路出兵的大戏！

17. ………… 炮 8 进 2

18. 车七进一 将 5 退 1

19. 相三进五 车 7 平 9

吃兵又得实惠，又吃马，但其实是败着！顽强的选择是车 7 平 6 封锁红车出动线路，红车七退一，将 5 进 1，车七进二，将 5 退 1，车七退二，将 5 进 1，相九退七，黑方也比较吃亏。

20. 车二平四 炮 8 退 4

无奈的选择，如车 9 进 2，红车四进八绝杀。

21. 车七平四 炮 2 退 6

无奈！如炮 8 平 5，红前车进一，将 5 进 1，后车进八，将 5 进 1，兵五进一，势如破竹，黑方输定。

22. 前车进一 将 5 进 1

23. 前车平三 炮 8 进 5

24. 车四进九 炮 8 平 9

黑已无法防守，只能对攻。

25. 车四平五 将 5 平 4　　26. 车五平六 将 4 平 5

27. 车三平五 将 5 平 6　　28. 车五平四 …………

避开黑车 8 进 6 再车 8 平 6 的杀着，精细！

28. ………… 将 6 平 5

29. 车六平五 将 5 平 4

30. 车五平七 …………

连续顿挫摧毁黑方的防线，下一步有车七退一再车四退二的杀着。

30.………　车8进6　　31.马一退三　………

妙手！仗势欺人。

31.………　车8退9

肯定不能吃马，红仕五退四，前线形成绝杀。

32.马三进二　车8平6　　33.车七平四

换子结果，红方物质力量巨大，已经胜定。

> **总结：** 精彩的攻防大战彰显了双炮过河这个布局的魅力！由于黑方第十六回合的失误，虽然场面火爆，但演变结果黑方难免颓势，双方在行棋的过程当中陷阱很多，需要棋迷朋友们仔细阅读学习，红方对于双车攻杀的运用，以及第三十回合马一退三的巧妙构思，尤其值得大家揣摩。

红车二进一入陷阱变

1．炮二平五　马8进7	2．马二进三　车9平8
3．车一平二　马2进3	4．兵七进一　卒7进1
5．马八进七　炮2进4	6．兵五进一　炮8进4
7．车九进一　炮2平3	8．相七进九　车1平2
9．车九平六　炮3平6	10．车六进六　炮6进1
11．马七进六　炮6平2	12．马六进五　马7进5
13．炮五进四　车8进3	14．炮五退一　将5进1
15．车六平七　车2进6	
16．士四进五　炮8进1（如图）	

上一节黑方车2平7的变化显得鲁莽，放红车出动后患无穷，本节给大家介绍的炮8进1的选择最早是特级大师许银川在实战当中走出的变化，我们一起看看效果如何。

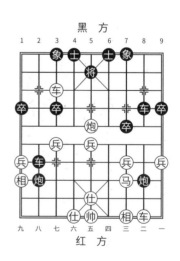

17．车二进一 ·········

没有了马三退一再相三进五车二平四的出车线路，前线车炮攻击火力不够，抬车准备车二平四投入战斗，是非常自然的选择，看看黑方如何防御。

17.………… 车2平7

明明可以车2平6封锁车路，可黑方偏要车2平7吃兵，放红车出来，真是"胆大包天"。

18.车二平四 炮2平6

吃马肯定是不行的，因为红方有一着车四进六！黑方只能下将，红方再车四进一构成绝杀。如何来封锁红车呢？这一着炮2平6真是思路清奇。

19.马三退四 …………

退马隐忍是思考后的产物，直观的选择是仕五进四，黑车7进1，仕四退五，炮8平1，仕五退四，炮1进2，仕六进五，车7平2，车四进六，车2进3，仕五退六，车2退7，仕六进五，车2平3，车四平七缺相怕炮，黑方残棋较为主动。

19.………… 炮8平1

弃子抢攻！是黑方获得优势的关键着法。

20.车七平八 …………

如果走仕五进四接受弃子，黑炮1进3，仕六进五，车7平2，红车出路不畅，黑方双车炮成势，捷足先登。

20.………… 炮6平3 21.仕五进六 炮3进2

22.仕六进五 炮1进2 23.车八退七 车7平1

黑方车双炮抢先进攻，虽然放活了红四路车，但是锁住了八路车，真是深明大义。

24.车四进八 卒3进1

下一步车8平2捉车，红方已经穷于应付了。

总结：许银川特大的改进走法炮8进1从实战效果来看，真是一针见血，红第十七回合车二进一的选择虽然凶狠，但黑方攻守有度，封锁住红车的出动线路，就可以获得满意的形势，第十八回合的炮2平6变化非常精彩！值得学习。

红车七平八飞刀变

1. 炮二平五　马 8 进 7　　　2. 马二进三　车 9 平 8

3. 车一平二　马 2 进 3　　　4. 兵七进一　卒 7 进 1

5. 马八进七　炮 2 进 4　　　6. 兵五进一　炮 8 进 4

7. 车九进一　炮 2 平 3　　　8. 相七进九　车 1 平 2

9. 车九平六　炮 3 平 6　　　10. 车六进六　炮 6 进 1

11. 马七进六　炮 6 平 2

12. 马六进五　马 7 进 5

13. 炮五进四　车 8 进 3

14. 炮五退一　将 5 进 1

15. 车六平七　车 2 进 6

16. 仕四进五　炮 8 进 1

17. 相九退七　…………（如图）

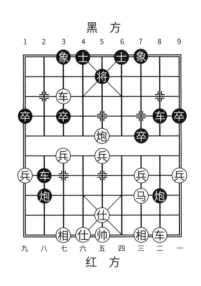

上一节车二进一的选择不利，本篇红方变换思路，先补厚自己的阵势，再根据黑方的应对做决断，在全国大赛当中此走法出现较多。

17.………… 车 2 平 7 　　18. 车七平八 …………

腾空弃马，新式飞刀！最早是江苏的王斌特级大师在象甲联赛当中的选择。以往的对局中，红方都是走马三退四避让，黑车 7 退 1，红车七平八，炮 2 平 3，车八平三，车 7 平 5，车三退二，双方互相牵制，基本相当。

18.………… 车 7 进 1

白吃红马是难以抵挡的诱惑，且看红方如何来攻击。

19. 相三进五 　炮 2 平 3

躲炮是正常的选择！肯定不能炮 8 平 5 抽车，红炮五退三反将！车 7 平 5，车二进六，红方得车胜定。

20. 车二平四 　炮 8 退 3

兑炮是无奈的选择，如改走炮 8 进 2，红车四进七！炮 8 平 9，车八进一，将 5 退 1，车四平五，士 6 进 5，车五进一，将 5 平 6，车五平四，将 6 平 5，车八平五，绝杀，红胜。

21. 车四进九 …………

破士之后，黑方藩篱尽毁。

21.………… 炮 8 平 5 　　22. 车八进一 　将 5 进 1

23. 兵五进一

黑方虽多子，但红方双车兵组杀，基本胜定。

总结：王式飞刀出鞘，刀刀见血！黑方在此变当中几无还手之力，红方二路车投入战斗，似乎不可阻挡，难道黑方的这路应法要被淘汰了吗？下一节，我们来看看面对这把飞刀，黑方还有什么办法。

黑将5退1变

1. 炮二平五　马8进7　　　2. 马二进三　车9平8

3. 车一平二　马2进3　　　4. 兵七进一　卒7进1

5. 马八进七　炮2进4　　　6. 兵五进一　炮8进4

7. 车九进一　炮2平3　　　8. 相七进九　车1平2

9. 车九平六　炮3平6　　　10. 车六进六　炮6进1

11. 马七进六　炮6平2

12. 马六进五　马7进5

13. 炮五进四　车8进3

14. 炮五退一　将5进1

15. 车六平七　车2进6

16. 仕四进五　炮8进1

17. 相九退七　车2平7

18. 车七平八　车7进1

19. 相三进五　将5退1（如图）

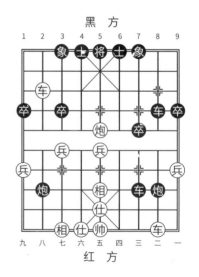

在上一节当中，黑方选择了炮2平3
的应对，遭到红二路车出动后，无力防守，

经过大师们对这个局面反复的研究之后，最佳应着也是呼之欲出了，是有点反常规的走法——将5退1！

20. 车二平四 …………

出车是保持对黑方压力的下法！如直接车八退五，黑炮8平5，炮五退三，车7平5，车二进六，车5平2，强制简化之后，红方多兵，稍优，但取胜困难。

20. …………　炮8退3

唯一正确的应对！如贪走炮8进2，红车四进八即形成绝杀。

21. 车八平四 …………

到手的炮不吃，继续给黑方施加压力，如简单车八退五，黑炮8平5，兵五进一，车7退1，车八进四，象7进5，红方有过河兵稍好，但子力简化，和势甚浓。

21. …………　炮8进5

抬炮进攻恰到好处，肯定不能换炮，红方破士后过兵，基本胜定，上几节有过相同局形的讲解。

22. 后车进五 …………

前车挡路，无法进八绝杀，走到骑河，避免黑车借抽将兑换，亦是正着。

22. …………　炮2退6

唯一的救命之着！如炮8平9，红前车进二，将5进1，后车进三，将5进1，后车退一，将5退1，前车退一，将5退1，后车平五，士4进5，车五进一，将5平4，车四进一，绝杀！

23. 前车平五 …………

几经考虑，红方也不能恋战了，如前车进二，黑将5进1，前车平三，炮8平9，黑方始终有抽将换车简化多子的手段，红方前线无杀，后防空虚，形势不利。

23. …………　炮2平5

24. 车五平二 …………

没有帅五平四的手段，黑车7进2，帅四进一，车8进5，帅四进一，车

7退2，连杀！

24.………… 炮5进4

如车8平5，红帅五平四做杀，黑方难以防守。

25.车二退一 车7进2 26.车四退五 炮8平6

27.车二平五 士4进5 28.车五平四 象3进5

29.车四退六

双方输攻墨守，兑换掉大量子力，现在黑虽多一兵，但不足言胜，基本和局。

总结：本变黑将5退1的应着尽管可以取得与红方的对抗，但是过程险象环生，踏错一步就不行了，尤其是第二十二回合炮2退6的走法非常关键。此变双方输攻墨守，又都不甘退让，喜欢双炮过河变化的棋迷朋友们可以放心使用，大有裨益。

黑象3进5变1

1. 炮二平五　马8进7

2. 马二进三　车9平8

3. 车一平二　马2进3

4. 兵七进一　卒7进1

5. 马八进七　炮2进4

6. 兵五进一　炮8进4

7. 车九进一　炮2平3

8. 相七进九　车1平2

9. 车九平六　炮3平6

10. 车六进六　象3进5 （如图）

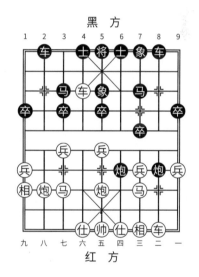

从这一节开始我们给大家介绍黑象3进5的应对，和炮6进1的选择相比，飞象更稳健一些，在2010年左右开始流行，时至今日，已渐渐取代黑炮6进1的选择，成为黑方最主流的应对着法。

11. 兵五进一　···········

冲兵是正着，如车六平七吃马，黑炮6进1先弃后取，红方没有占到任何便宜；又如选择仕四进五防守，黑方可以炮6退4打车，取得满意的局面。

11.……………… 卒 5 进 1

去兵是当前局面下最常见的选择，另有炮 6 退 4 的变化，后有详解。需要指出的是，当前局面下黑方绝对不能走炮 6 进 1，因为红有炮五进四的常用手段，以下黑马 7 进 5，炮八平四，红方中兵虎视眈眈，占据优势。

12. 车六平七　炮 6 进 1

既定方针，先弃后取。

13. 马七进八　…………

翻外马是争取变化的较好选择，如改走炮五进五，黑车 2 进 7，马七进六，炮 6 平 1，黑方占优。

13.………… 炮 6 平 2　　14. 马八进七　炮 2 平 7

这是一个非常重要的开局分支变化，面对红方主动弃子的攻击，挥炮打马是直观的应对，另有士 6 进 5 和车 2 进 6 的变化，后面会给大家讲到。

15. 马七退五　…………

对于绝大多数的爱好者来说，区分当前局面的好坏并非难事，红方中路攻势迅猛，黑方几乎没有大子可以参与到中路的防守，压力极大。

15.………… 士 6 进 5

如士 4 进 5，红马五进六再炮五平六，立取胜局。

16. 车七退一

红方有马五进六再车七平四的杀着，黑方如车 8 进 1 防守，红方可以车二进三突破，至此红方大优。

总结： 本节黑方的变化选择是爱好者在对局中容易犯的错误，贪吃红马陷入困境。双方在开局子与势的争夺还是非常激烈的，红方吃掉黑马，黑方串打红马得回失子的时机都非常讲究，需要大家慢慢琢磨，多遍阅读，方能理解。

黑象3进5变2

1. 炮二平五　马8进7

2. 马二进三　车9平8

3. 车一平二　马2进3

4. 兵七进一　卒7进1

5. 马八进七　炮2进4

6. 兵五进一　炮8进4

7. 车九进一　炮2平3

8. 相七进九　车1平2

9. 车九平六　炮3平6

10. 车六进六　象3进5

11. 兵五进一　卒5进1

12. 车六平七　炮6进1

13. 马七进八　炮6平2

14. 马八进七　士6进5（如图）

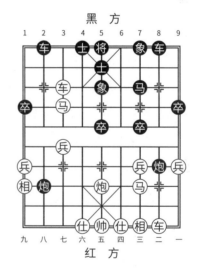

上一节黑方炮2平7落入陷阱，本节先补士巩固中防，是实战当中具有一定棋艺基础的爱好者较大概率采用的着法。

15. 炮五进五 ……………

炮打中象石破天惊，如复制上一节的攻法走马七退五吃中卒，黑方有可能会车 2 进 6 驰援，后面的章节会有相同盘面的讲解。

15. ……………… 象 7 进 5

去炮也是正常的应对，如改走将 5 平 6，红炮五平四！准备回家助攻，白吃一象，取得简明优势。

16. 马七进五 ……………

红马雄踞中宫，有左右卧槽的威胁，对于黑方来说压力很大。

16. ……………… 马 7 退 9

回马避开红方的抽将，是黑方的应对之一，如果走马 7 进 5，红车七退一活捉（黑方不能车 8 进 3，红马五进三抽车），另有将 5 平 6 的应法，下一节我们会具体讲到。

17. 马五进三 将 5 平 6 18. 车七平一 …………

攻击黑方的边马，选点准确，如简单车七退一，黑方可以车 2 进 2 化解。

18. ……………… 车 8 进 1

除了这着，黑方还有一个马 9 退 7 的应对，红车一平三！停车问路，下一手眼看着要马三退一多重攻击，黑方只能车 8 进 1，红方再马三退五闪击，黑马陷入绝境，顿时不支。

19. 前马退五 ……………

退回中宫，威胁要车二进三吃炮，有车一平四再马五进七的杀着。

19. ……………… 将 6 平 5

20. 车一平三 车 8 退 1

只能如此，如车 8 进 2，红车三进一，黑马不保。

21. 车二进一 ……………

关键时刻，红方置前车于险地而不顾，驱动后备军投入战斗，真是石破天惊！

21.………　车2进6

不能马9进7，红马五进七，将5平6，车二平四，红胜。

22.车三平一　………

红车几进几出，黑方痛苦不堪。

22.………　马9退7

如车8进1，红方也是马三退一，黑车2平7，马五进七，将5平6，车二平四，车8平6，车四进七，将6进1，车一进一先手得回失子，红方大优。

23.马三退一　………

回马踩炮以退为进，黑方最后的防线也动摇了。

23.………　炮8退4

躲炮是败着，顽强一点只能马7进6，红车二进二也是大占优势。

24.马五进三　将5平6　　25.车二平四　炮8平6

26.车一平四　士5进6　　27.车四进六

红胜。

总结： 对于喜欢车马攻杀的棋友来说，本节介绍的内容非常实用，尤其是红车的运用非常巧妙。从开局的角度，红方弃炮打象的战术还是非常成功的，下一节，我们将继续深入地研究这一变例。

黑象3进5变3

1. 炮二平五　马8进7

2. 马二进三　车9平8

3. 车一平二　马2进3

4. 兵七进一　卒7进1

5. 马八进七　炮2进4

6. 兵五进一　炮8进4

7. 车九进一　炮2平3

8. 相七进九　车1平2

9. 车九平六　炮3平6

10. 车六进六　象3进5

11. 兵五进一　卒5进1

12. 车六平七　炮6进1

13. 马七进八　炮6平2　14. 马八进七　士6进5

15. 炮五进五　象7进5　16. 马七进五　将5平6（如图）

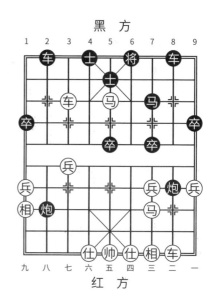

上一节黑方马7退9的变化不太理想，本节我们来看看黑方将5平6的变化。

17. 车七退一 ··········

轻轻一步退车，却有雷霆万钧之力。

17. ·········· 将6进1

唯有此着可解，如车8进1，红方又是车二进三，虎口拔牙。

18. 车七平三 车8进2 19. 兵七进一 ··········

前方车马占据要位，这一次红方驱动七路兵渡河助战，恰到好处，另有直接车二进一的变化也可以获取优势，黑方只能士5进6，红马五退四，炮2退5，兵七进一，黑方子力活动空间太小，非常被动。

19. ·········· 炮2退2

最为直接的反击手段，如车2进2，红车三平四，士5进6，马五进六，将6退1，兵七进一，炮2进2，相九退七，车2平4，兵七平六！车4退2，车四进一，将6平5，车四平五，将5平6，车二进一！黑方无法防守。

20. 车二进三 ··········

夺取优势的关键！如让黑方顺利炮2平5，则优劣易势。

20. ·········· 车8进4 21. 车三进一 车2进2

面对红方马五退三的攻杀手段，黑方另有士5进4的防守方案（不能将6退1，红车三平四再马五进七成杀），红车三进一，将6进1，车三退三，卒5进1，车三平四！将6平5，车四平五，将5平6，车五退一，绝杀，红胜。

22. 车三进一 将6进1 23. 车三退三 ··········

退车扫兵"大将风度"，黑方车将都不敢碰马，真是"带刺的玫瑰"。

23. ·········· 卒5进1

如士5进4，红马五进六，车8退4，车三平四，红胜。

24. 车三进二 将6退1 25. 车三进一 将6进1

如将6退1，红车三进一，将6进1，马五退三，黑方不行。

26. 马五退七 车2进1

如车8退4，红马七退五，将6平5，车三退二，黑方也难以防守。

27. 马七退五　　车 2 平 5

如将 6 平 5，红兵七进一，车 2 进 1，马五进三，将 5 平 4，兵七进一，将 4 退 1，兵七进一，将 4 进 1，车三退一，士 5 进 6，车三平四，绝杀，红胜。

28. 马五进三　　炮 2 退 4　　　29. 车三退一　　将 6 退 1

30. 车三平二　　车 5 平 7　　　31. 车二退四

抽回一车之后，红方多兵得象，占得残棋优势。

> **总结：**通过这两节内容的学习，我们可以确信红方炮五进五打象之后可以占优，所以黑方第十四回合士 6 进 5 的走法还是不够令人满意，下一节，我们将会介绍黑方在第十四回合车 2 进 6 的最佳应着。对于学有余力的棋友来说，笔者建议他们可以把这两节红方车马运用的部分再延伸下去拆解，对于提高中局攻杀同样会有帮助。

黑象3进5变4

1. 炮二平五　马8进7　　2. 马二进三　车9平8

3. 车一平二　马2进3　　4. 兵七进一　卒7进1

5. 马八进七　炮2进4　　6. 兵五进一　炮8进4

7. 车九进一　炮2平3　　8. 相七进九　车1平2

9. 车九平六　炮3平6　　10. 车六进六　象3进5

11. 兵五进一　卒5进1　　12. 车六平七　炮6进1

13. 马七进八　炮6平2　　14. 马八进七　车2进6 （如图）

进车是当前局面下较好的次序，最早是特级大师蒋川在杯赛当中下出的。

15. 马七退五　…………

马吃中兵是比较稳健的选择，另有马

七进五踩象拼命的走法，后续章节会给大

家讲到。

15. ………… 士6进5

正确的方向，如果走士4进5，红车

七平九，黑方就穷于应付了。

16. 车七退一　…………

自然的选择，另有炮五进二的变化，

黑车2退2，兵七进一，车2进1，相九进

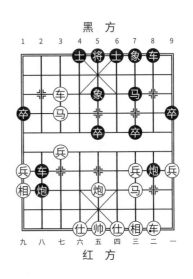

七（马五退七稍好，黑炮2进2，仕六进五，车2进1，黑方不错），炮2进2，仕六进五，炮8平1，黑方抢先动手，红方不利。

16.………… 车2平5

虎口献车！是这个变化的重要一环，化解了红方中路的攻势。

17. 车二进三 …………

必走之着，如马三进五，黑炮8平5，炮五平二，炮2平5，绝杀。

17.………… 车5进1　　18. 相三进五　车8进6

换子后，黑兵种好，已经取得可战的形势。

19. 马三进五　车8平7　　20. 后马进六　车7平2

关键的一步，面对红方车七平三和马六进八的双重威胁，此着非常机警。如随手选择马7进6，红马六进八，黑方不行；又如炮2平3守住卧槽，红方顺势车七平三，黑马受压，形势被动。

21. 车七平九 …………

如车七平三，黑车2退2捉双换子，红方毫无便宜可占。

21.………… 马7进6

如车2退2，红可以车九平六。

22. 相九退七　马6进5　　23. 马六退五　车2平5

24. 马五进七　车5平9　　25. 马七进九　炮2平3

守住卧槽，双方势均力敌。

总结： 本变黑车2进6的变化次序井然，取得了抗衡之势，对于我们广大爱好者理解双炮过河阵法是非常有帮助的，后续一着车2平5非常巧妙，值得学习。在这种套路性非常强的布局当中，死记硬背肯定不是最好的办法，活学活用知其所以然非常重要，当我们真正吃透其中的奥妙并享受其中，棋艺水平的提高也就不难实现了。

黑象3进5变5

1. 炮二平五　　马8进7

2. 马二进三　　车9平8

3. 车一平二　　马2进3

4. 兵七进一　　卒7进1

5. 马八进七　　炮2进4

6. 兵五进一　　炮8进4

7. 车九进一　　炮2平3

8. 相七进九　　车1平2

9. 车九平六　　炮3平6

10. 车六进六　　象3进5

11. 兵五进一　　卒5进1

12. 车六平七　　炮6进1

13. 马七进八　　炮6平2　　14. 马八进七　　车2进6

15. 马七进五　　…………（如图）

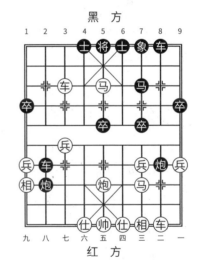

在之前介绍的红方马七退五的变化之后，本节给大家讲解红方更为凶狠的马七进五弃子的变化。

15.·········· 象 7 进 5　　16. 车七平五　士 4 进 5

不能士 6 进 5，红车五平三，炮 2 平 7，车二进三，红方大优。

17. 车五退二　··········

如马三退一，黑炮 8 退 1，车五平三，炮 8 平 5，炮五进三，将 5 平 4，车二进九，炮 2 平 5，绝杀，黑胜。

17.·········· 炮 2 平 7

18. 车二进三　车 8 进 6

19. 车五平八　士 5 进 4

不能车 2 平 5，红车八进四绝杀。另外也有士 5 进 6 的选择，后面章节会给大家介绍。

20. 车八退二　··········

红方弃子后车炮兵占据攻势，双方的争夺更趋白热化。

20.·········· 卒 7 进 1

过卒活通车路，是最为正常的反应，另有炮 7 平 1 的变化较为理想，红车八平五，士 6 进 5，兵七进一，车 8 退 3，红车炮兵有攻势，黑方多子，互有顾忌，双方将在后半盘斗力。

21. 车八平五　将 5 平 4　　22. 炮五平六　士 4 退 5

23. 车五平六　将 4 平 5　　24. 车六平八　将 5 平 4

25. 兵七进一　··········

过兵暗伏杀机，黑方已经很难抵挡了。

25.·········· 车 8 平 7

26. 兵七平六　士 5 进 4

27. 兵六进一　··········

弃车做杀，精彩！

27.·········· 车 7 平 2

如马 7 进 5，红兵六平五，将 4 平 5，车八进六，将 5 进 1，兵五进一，将5平6，兵五平四，将6进1，车八平四，绝杀，红胜。

28. 兵六进一　车2平4　　29. 兵六进一

红胜。

> **总结**：红方马七进五的变化相当凶悍，总地来说，双方都有机会，红方主动弃子较具风险，实战当中棋友们可以根据对局的需要选择第十五回合是踩相还是踩兵。本节所介绍的变化黑方第二十回合应对失误，被红方弃车绝杀！正着在第二十回合的讲解中有所涉猎，望棋迷朋友们仔细阅读学习。

黑象3进5变6

1. 炮二平五　　马8进7

2. 马二进三　　车9平8

3. 车一平二　　马2进3

4. 兵七进一　　卒7进1

5. 马八进七　　炮2进4

6. 兵五进一　　炮8进4

7. 车九进一　　炮2平3

8. 相七进九　　车1平2

9. 车九平六　　炮3平6

10. 车六进六　　象3进5

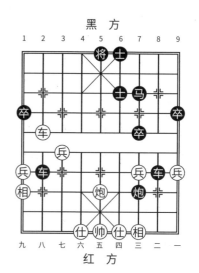

11. 兵五进一　　卒5进1　　　12. 车六平七　　炮6进1

13. 马七进八　　炮6平2　　　14. 马八进七　　车2进6

15. 马七进五　　象7进5　　　16. 车七平五　　士4进5

17. 车五退二　　炮2平7　　　18. 车二进三　　车8进6

19. 车五平八　　士5进6　（如图）

本节介绍黑方士5进6的应法，也是特级大师王天一在比赛中喜爱的选择。

20.车八退二　卒7进1

过卒是正着！如改走炮7平1，红兵七进一，车8退1，车八平五，士6进5，车五进二控制黑马，对攻之中红方机会比较多。

21.车八进六　将5进1　　22.兵三进一　…………

吃兵是自然的选择，保持双方物质力量大体相当。

22.…………　马7进8

外马出击，防止红兵三进一制住马头。

23.兵三进一　马8进9

如改走马8进7，红车八退一，将5退1，炮五退一，炮7退3，相三进五，将5平4，车八退三叫杀，红方得回失子，大占优势。

24.车八退三　马9进8　　25.仕六进五　马8退7

绕了一圈之后，红方没有了炮五退一的攻杀手段，黑方就可以从容换掉红方的中炮了。

26.兵三进一　…………

不能车八退三牵制，黑可以炮7退3连打带消。

26.…………　马7进5　　27.相三进五　车8平7

28.兵三平四　将5平6

子力简化之后，红方多兵得相，黑方多炮，双方基本相当。

> **总结：**此变走法双方输攻墨守，在子与势的交锋当中找到了平衡，这两节所讲的变化作为双炮过河的系列当中的一个分支，爱好者一定要有所了解，才能在实战中不至于"迷失方向"。

黑象3进5变7

1. 炮二平五　马8进7　　2. 马二进三　车9平8

3. 车一平二　马2进3　　4. 兵七进一　卒7进1

5. 马八进七　炮2进4　　6. 兵五进一　炮8进4

7. 车九进一　炮2平3　　8. 相七进九　车1平2

9. 车九平六　炮3平6　　10. 车六进六　象3进5

11. 兵五进一　炮6退4

这一节开始给大家介绍黑方炮6退4的变化，对于广大爱好者来说，这个选择很常见。

12. 兵五进一　…………（如图）

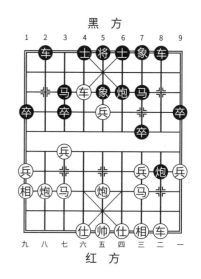

弃车突破，是当前局形下的进攻手段，另有车六退一的变化，介绍如下（如车六退二，黑炮8退2即刻满意），黑卒5进1，红车六平三，黑炮6进5先弃后取，获得满意局面。

12.…………　炮6平4　　13.兵五进一　士4进5

上哪边士有讲究，本节先介绍黑方士4进5的走法，士6进5的变化详见下一节。

14.兵五平六　士5进4　　15.马七进八　…………

石破天惊的妙手!

15.…………　车2进5

如车2平3躲进去，红车二进一，马7进6，车二平四，马6进7，炮五退一，红方攻势如潮，黑方难以抵挡。

16.马三进五　马7进5

如将5平4，红炮八平六，士4退5，马五进六，士5进4，马六退八吃回一车，大占优势。

17.马五退七　…………

正确，如马五进六，黑方有马5进3阻挡的手段。

17.…………　马5进6　　18.马七进八　马6进4

黑马捉双，进行顽强的对抗，效果如何呢?

19.马八进七　马4进2　　20.马七退五　将5平4

如士4退5，红马五退六，抽马得子。

21.兵七进一

红方虽少一子，但子力位置绝佳，且有多兵得象的优势，明显主动。

总结： 本节红方的攻着相当巧妙，对黑方的防守压力很大，演变到第十三回合，黑士4进5的选择不够理想。红方主动弃车弃马再弃炮，在开局阶段就如此"胆大妄为"，实属罕见，值得棋迷爱好者细细体会。

黑象3进5变8

1. 炮二平五　马8进7

2. 马二进三　车9平8

3. 车一平二　马2进3

4. 兵七进一　卒7进1

5. 马八进七　炮2进4

6. 兵五进一　炮8进4

7. 车九进一　炮2平3

8. 相七进九　车1平2

9. 车九平六　炮3平6

10. 车六进六　象3进5

11. 兵五进一　炮6退4

12. 兵五进一　炮6平4

13. 兵五进一　士6进5 （如图）

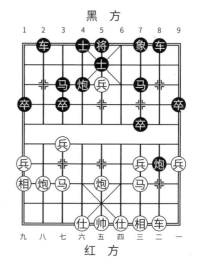

本节介绍黑方士6进5的变化应对，在大师对局当中亦有出现。

14. 兵五平六　士5进4　　　15. 车二进一　··········

引而不发，抬车助攻是当前局面下的正着！如直接马三进五，黑士4退5，马五进六，马 3 进 5，马七进八，车 2 平 3，黑方化解了红方的攻势，多子占优。

16. ………… **炮 8 退 5**

退炮是黑方较为顽强的应着！先化解红方马七进八的威胁，另有两变分述如下，一变黑车 2 进 7，红马三进五，士 4 退 5，炮五平八得回失子，红方多相明显占优；二变炮 8 进 1，红车二平五！炮 8 平 5，炮八平五，马 7 进 6，车五平四，马 6 进 7，车四进二，红方车马炮各就各位，黑方中路空城，难以抵挡。

16. 炮八退一 …………

再调一门大炮进行攻击，火力全开。

16. ………… **炮 8 平 6**　　17. 车二平四　**将 5 平 6**

18. 炮八平五　**车 8 进 2**

顽强的应对，如直接士 4 退 5，红车四进五，车 2 进 4，前炮平四，车 2 平 6，车四进二！红胜。

19. 马七进六 …………

同样是准确的攻击，如车四进五，黑有马 7 退 5 的腾挪，红再车四退一，黑马 5 进 4，将来马 4 退 6，防线较为坚固。

19. ………… **车 2 进 7**　　20. 车四进三　**士 4 退 5**

21. 前炮平四 …………

双方调动子力进行交火，面对红方接下来车四进四的杀着，黑方怎么办呢？

21. ………… **马 7 进 6**

虎口献马！防守的巧着。

22. 马六进四 …………

反弃车叫杀，着法精彩！如选择车四进一，黑士 5 进 6，车四平三，象 7 进 9，红方续攻乏力。

22. ………… **车 2 平 6**

唯一的解着，首先是不能炮 6 进 4，红马四进三双将杀；另有车 8 平 6 的选择，红马四进三！车 6 平 7，车四进四！将 6 进 1，炮五平四，红方连弃车马成杀！

23. 马四进三　车8平7　　24. 车四退二

得回一车后清点战场，红方多相，稍占上风。

总结： 此变是双炮过河套路当中相当常见的选择，爱好者对于此中的攻防内容需要多加揣摩，方能在实战中做到胸有成竹，结合上一节黑方士4进5的变化来看，黑方第十一回合炮6退4的选择从目前的开局研究角度来看还是吃亏，大家拿黑棋的时候需要谨慎决断。

红车九平四变1

1. 炮二平五　　马 8 进 7

2. 马二进三　　车 9 平 8

3. 车一平二　　马 2 进 3

4. 兵七进一　　卒 7 进 1

5. 马八进七　　炮 2 进 4

6. 兵五进一　　炮 8 进 4

7. 车九进一　　炮 2 平 3

8. 相七进九　　车 1 平 2

9. 车九平四　　…………（如图）

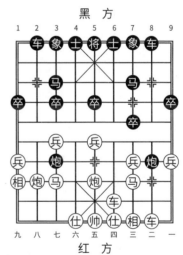

这一节我们来介绍红方车九平四的选

择，和车九平六的变化有些不同，挥车过

宫有一些隐蔽的战术陷阱，我们接下来看看黑方的应对。

9.…………　　炮 3 平 5

还架中炮是黑方公认最佳的应着，除此着外黑方另有几种选择，一变走

象 3 进 5，红兵三进一，炮 3 平 7，兵三进一，象 5 进 7，兵五进一，象 7 退 5，

兵五平四，红方白过一兵，占据优势；二变走炮 3 平 6，红兵三进一双击，立

取大优之势。

　　10. 马三进五　…………

　　以马换炮是红方正确的应对，如随手走士四进五，黑车 2 进 7，马三进五，炮 8 平 5，车二进九，马 7 退 8，马七进五，车 2 平 5，红车在四路自堵象眼，黑方得子占优。

　　10. ………… 炮 8 平 5　　11. 炮五平二　…………

　　平炮解抽车是唯一的应着！也是红车九平四过宫变例的组成部分，给黑方的应对提出了考验。

　　11. ………… 车 2 进 7

　　吃炮是黑方较容易作出的选择，另有炮 5 平 9 和炮 5 平 4 的变化，后续我们会给大家介绍。

　　12. 炮二平八 车 8 进 9　　13. 马七进五 车 8 退 2

　　退车捉炮抢先，如选择象 3 进 5，防止红车四进六捉双，红炮八平五，车 8 平 7，兵五进一，卒 5 进 1，马五进六，下步有车四进七的攻击手段，黑方不好防守。

　　14. 炮八平七 车 8 平 5　　15. 车四平五 车 5 进 1

　　16. 仕四进五 马 7 进 6　　17. 马五退四

　　大子简化之后，红方兵种好且有多兵的趋势，占据优势。

　　总结：红方车九平四的攻法出现频率虽然不及车九平六，对黑方也是颇具考验。本节黑方第十一回合直接车2进7吃炮交换的选择显然不太理想，爱好者可以通过学习，了解一些子力形状位置的区别，来分析形势的好坏，增强局面的判断能力。

红车九平四变2

1. 炮二平五　马8进7

2. 马二进三　车9平8

3. 车一平二　马2进3

4. 兵七进一　卒7进1

5. 马八进七　炮2进4

6. 兵五进一　炮8进4

7. 车九进一　炮2平3

8. 相七进九　车1平2

9. 车九平四　炮3平5

10. 马三进五　炮8平5

11. 炮五平二　炮5平9（如图）

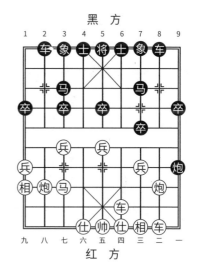

上一节我们介绍了黑方车2进7的变化，在相对平稳的局面下由于兵种和子力位置的欠缺稍处下风，本节打边兵的走法也是爱好者容易采用的眼光着，极具实用性。

12. 车二平一　…………

面对黑车2进7直接吃炮得子的威胁，红方平边车是冷着，有借力打力的妙用。

12. ………… 车8进6　　13. 车四进六　………

由于黑方需要保炮的一手，红方抢得了至关重要的车四进六捉双，从而对黑方产生了实质性的威胁。

13. ………… 马3退5

保全子力是正常的反应，另有象3进5弃子的洒脱型下法，红车四平三，黑车2进6（威胁要车2平3得回失子），车一进二！士4进5，车三退一，红车安然脱困，多子占优。

14. 炮二平五　………

复架中炮攻黑中路，着法灵活。

14. ………… 象3进5　　15. 炮八退二　炮9退2

中兵失守，只能先解决车炮被牵制的问题。

16. 炮五进四　车8退3　　17. 炮八进六　………

好棋！获取优势的关键，如炮五退一，黑车8平5，红方优势荡然无存。

17. ………… 车8进2　　18. 车一进二　………

好棋，如随手车四平三，黑车8平5，士四进五，车2进3！炮五平八，马5进7，红方无便宜可占。

18. ………… 车8平5　　19. 车一平五

以下黑方如车5进2，红相三进五，黑方窝心马问题无法解决，败局已定。

总结： 黑方第十一回合炮5平9的变化遭到红方的强力攻击，通过实战演变，明显吃亏。经过专业大师们对此路变化的研究，黑方在第十一回合最好的选择就是走炮5平4！避开红车二平一的先手，等红方炮八退一之后，再炮4退4协调阵型，攻守兼备，双方基本均势，战线漫长。总之红方第九回合车九平四的攻着还是有一定的攻击性，虽然黑方找到了应对方法，不过红方也不吃亏，爱好者在实战当中或可一试，当有奇效。

第七章

中炮过河车牛头滚
对屏风马两头蛇

黑炮8退1变

1. 炮二平五　　马8进7

2. 马二进三　　车9平8

3. 车一平二　　卒7进1

抢进七卒是策略性的走法，和马二进三屈头屏风马相比，缩减了红方进三兵的开局变化。

4. 车二进六　　马2进3

5. 兵五进一　　………（如图）

直接进中兵俗称"牛头滚"，和急进中兵不同的是红方省略了兵七进一这步棋，可以加快中路进攻的步伐。

5. ………　　卒3进1

两头蛇行挺进中路不补棋，是黑方的一种应法，准备将来有炮8退1反架中炮的可能，另有士4进5的变化，红方如兵五进一冲锋，黑卒5进1，车二平七，过河车较易发挥威力，黑方不够理想。

6. 兵五进一　　炮8退1

炮8退1是爱好者在当前局面下非常喜欢的反击战术，牛头滚的先手方是一定要了解这路棋的。除此之外更为常见的士4进5的应着，我们将会在后面的章节中详细给大家讲解。

7. 兵五平六 ··········

忍住中卒的诱惑，及时掰兵，非常具有大局观的选择！如直接兵五进一，黑炮8平5，红车二进三，马7退8。为了保住过河中兵，红方只能炮五进六，黑士4进5，兵五平六，马3进4，下步黑炮2平5再车1平2出动，典型的弃兵取势手段，黑方获得满意的局面。

7. ·········· **炮8平5** **8. 车二进三** ··········

稳健的应着！如贪走车二平三，黑马3进4，车三进一，象3进5，车三退一，炮2进4，兵三进一，车8进6，兵三进一，车8平3，黑方弃子后子力迅速集结，红方压力很大，不易控制局面。

8. ·········· **马7退8** **9. 兵六平七** ··········

红兵千辛万苦吃掉黑卒，很好地控制住了黑马的出动，威胁要兵七进一。

9. ·········· **炮5进6** **10. 相七进五 卒5进1**

黑方准备卒5进1再马3进5突围。

11. 后兵进一

控制局面的关键着！黑方如卒5进1，红炮八进二消灭黑卒；如不动，红方正常出子，黑方马路不畅且少兵，明显下风。

总结： 本节所介绍的牛头滚的变化虽没有激烈的大砍大杀，却融入了南派细腻的运子功夫，尤其是红方兵的运用，对马路的控制以及对大局的把握，是非常具有深度的，对于喜欢局面型缠斗的爱好者来说，仔细钻研此节内容是非常有必要的。回到牛头滚变化的本身，显然黑方第六回合炮8退1的选择是有些吃亏的，更为稳当的变化是士4进5加固中路，则双方行棋的套路性会更强。

黑士4进5变1

1. 炮二平五　马8进7

2. 马二进三　车9平8

3. 车一平二　卒7进1

4. 车二进六　马2进3

5. 兵五进一　卒3进1

6. 兵五进一　士4进5 （如图）

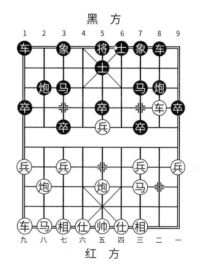

本节介绍黑方士4进5的着法，在全国大赛当中是出现最多的选择。

7. 兵五进一　⋯⋯⋯⋯⋯

直接中路进攻是牛头滚的主流线路，另有马三进五和车二平三的变化，出现频率不及直接兵五进一。

7.⋯⋯⋯⋯⋯　马3进5

消灭中兵必然，如马7进5，则8路车炮脱根被牵制，肯定不予考虑。

8. 马三进五　马5进4

黑马受攻，有马5进4和马5进6两路选择，本节先给大家介绍马5进4

的变化。

9. 马八进七 ··········

出动后续子力，保留中炮威胁，肯定不能直接马五进四，黑炮 2 平 5 反将，红方得不偿失。

9. ·········· **炮 2 平 5**

还架中炮是最具对抗性的选择，如象 3 进 5，红兵七进一，马 4 进 3，马五退七，卒 3 进 1，马七进五，中路一马平川，黑方防守压力颇大。

10. 仕六进五　车 1 平 2　　11. 车九平八　车 2 进 6

双方都挥车过河且有中炮之力，对攻之中，谁更主动呢？

12. 炮八平九 ··········

正着！如贪走车二平三，黑炮 8 进 7，车三进一，炮 8 平 9，炮五进五，象 3 进 5，接下来黑方强行车 8 进 9 再马 4 进 5 破象，红方不好防守。

12. ·········· **车 2 进 3**

兑车简化无奈，如车 2 平 3，红车八进九，黑方底线漏风，无法防守。

13. 马七退八　炮 8 平 9　　14. 车二平三 ··········

红车压马，已经掌握局面的主动。

14. ·········· **炮 9 进 4　　15. 炮五进五　象 3 进 5**

16. 马五进六

清点战场，由于红车位置更好，配合将来马六进四有明显的攻势，对攻之中，黑方落入下风。

总结： 从实战效果来说，黑方第八回合马 5 进 4 的走法虽有一定的积极性，但是在对攻之中，由于红方过河车的位置太好，配合中马还是能占得一定的优势，所以在大赛当中，第八回合黑方多选择走马 5 进 6 的应着，我们将会在后面的课程当中给大家讲解个中变化。

黑士4进5变2

1. 炮二平五　　马8进7

2. 马二进三　　车9平8

3. 车一平二　　卒7进1

4. 车二进六　　马2进3

5. 兵五进一　　卒3进1

6. 兵五进一　　士4进5

7. 兵五进一　　马3进5

8. 马三进五　　马5进6（如图）

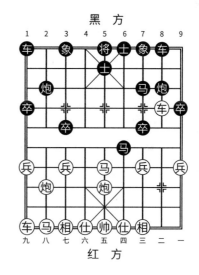

本节介绍黑马5进6的变化，和马5进4相比，马进6可以避免将来红车二平三压马的线路，在攻守两端，作用很大。

9. 马八进七　　炮2平5

还架中炮准备车1平2是自然的反应，如象3进5准备车1平4的线路，红车九进一再车九平四动摇黑方的河口马，黑方就根基不稳了。

10. 车九平八　　…………

和之前黑马5进4的变化不同，不再担心黑马4进3踩马得子的手段，红车就可以抢先出动，并威胁要炮八进七底线进攻。

10.········· 车1平2 　11. 仕六进五 ··········

补仕是出现较多的选择，另有八路炮前进封车的变化，后面会给大家讲到。

11.········· 炮8平9

兑车是自然的应对，如车2进6，红炮八平九，黑方只能兑换（担心红车八进九），则自己的右侧非常空虚，不太理想。

12. 车二平四 马6进5

踩炮交换，另有车8进5保持复杂的选择，接下来会跟大家讲到。

13. 相七进五 马7进8

避开红车四平三的变化，但也挡住了车路，可谓有利有弊。

14. 马五进四 卒7进1 　15. 车四平七 卒7进1

吃兵是非常自然的选择，但不理想，应该走卒7平6，红炮八平九，车2进9，马七退八，象3进1，双方对攻，都有机会。

16. 炮八进二 ··········

好棋，威胁要炮八平五架中炮，一着致命!

16.········· 卒3进1 　17. 兵七进一

黑卒白白牺牲，红方还是要兵七进一再炮八平五，黑方难以抵挡，明显吃亏。

　　总结： 此路变化双方应对正确的话，都有棋可下，然红方对黑方考验更多，可见第十二回合黑马6进5踩炮简化还是有些消极，正着是车8进5保持复杂，巩固骑河战场，则局面更加多变。

黑士4进5变3

1. 炮二平五　马8进7

2. 马二进三　车9平8

3. 车一平二　卒7进1

4. 车二进六　马2进3

5. 兵五进一　卒3进1

6. 兵五进一　士4进5

7. 兵五进一　马3进5

8. 马三进五　马5进6

9. 马八进七　炮2平5

10. 车九平八　车1平2

11. 仕六进五　炮8平9　　　12. 车二平四　车8进5（如图）

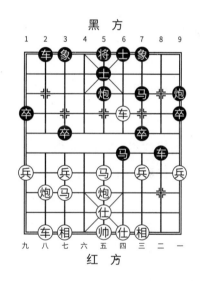

本节介绍的是黑方车8进5的变化。

13. 兵三进一　⋯⋯⋯⋯⋯

弃兵打破黑方骑河的堡垒，着法强硬。

13. ⋯⋯⋯⋯⋯　卒7进1　　14. 炮八进二　⋯⋯⋯⋯⋯

后续的攻着，准备车四退二硬吃马，如果黑方躲车，红炮八平三闷宫抽车。

14.………… 马6进5

同样是针锋相对的选择，红方不敢炮八平二，黑方可以马5进3，帅五平六，车2进9取得多子之利。

15.相三进五 …………

非研究深刻，很难下出此着！如按寻常思路走相七进五，黑卒7进1，炮八平三，车2进9，马七退八，马7退9（如马7进8，红有车四平三），黑方过河卒牵制力量很大，反先占优。

15.………… 车8进1

肯定不敢再卒7进1了，红炮八平三叫闷宫得车。

16.马五进三 车8平4

平车守将门是正着！如贪走车8平3，红马三进二，车3进1，马二进三，将5平4，车四平六，炮5平4，炮八平六，红方胜定。

17.车四平三 …………

如再马三进二，黑将5平4，将来炮9进4反击，黑方不错。

17.………… 车4平7

掉换枪头避免红马三进二的威胁，红方敢吃黑马吗？

18.炮八平五 …………

正着！如车三进一，黑炮9进4，炮八平五（帅五平六，黑车7平4连杀），炮9进3，相五退三，车7进3，红方无法防守。

18.………… 车2进9

19.马七退八 炮9进4

20.车三平七 …………

面对黑方底线的威胁，红抢先进攻，非常精彩！

20.………… 炮9进3　21.相五退三 马7进5

防守端的好棋！如将5平4，红车七平六，炮5平4，相七进五，将来有炮五平六和马三进四的威胁，黑方不好防守。

22. **炮五进三** ··············

如车七进三吃象，黑士5退4，红方多子被抓反落后手，得不偿失！

22. ·············· 象7进5   23. **车七平五** 车7退1

一阵大交换，双方子力所剩无几，基本和棋趋势。

总结： 快节奏的攻防转换，红黑双方各展神通，最终平分秋色，黑方第十四回合马6进5的变化取得了可战的形势，红方第十五回合飞相的选择，黑方第十六、十七回合车位的调动都是技术含量很高的操作，值得棋迷朋友们细细品茗。对于喜欢下牛头滚的爱好者来说，本节所介绍的内容实用价值很高，应反复打谱加深记忆，效果最好。

黑士4进5变4

1. 炮二平五　马8进7　　2. 马二进三　车9平8

3. 车一平二　卒7进1　　4. 车二进六　马2进3

5. 兵五进一　卒3进1　　6. 兵五进一　士4进5

7. 兵五进一　马3进5　　8. 马三进五　马5进6

9. 马八进七　炮2平5　　10. 车九平八　车1平2

11. 仕六进五　炮8平9　　12. 车二平四　车8进5

13. 兵三进一　卒7进1　　14. 炮八进二　马7进8（如图）

上一节给大家讲到了黑方马6进5直接踩炮的变化，本节继续给大家带来马7进8外翻的选择，在全国大赛当中也有出现。

15. 车四平七　…………

选点准确，威胁要炮八平五挂中。

15.…………　炮9平7

先行闷宫是非常好的试探手段，看红方的应手，如直接炮5进5，红相三进五！象3进5，炮八平五，车2平4，马五进三，下步有马三进二的进攻手段，黑方难以抵挡。

16. 炮五进五　…………

如相三进一，黑马6进5！相七进五，炮5进5，帅五平六，卒3进1，下步再

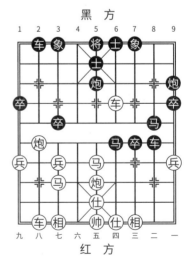

炮7平4，对攻之中红方颇多顾忌。

16.…………　象3进5　　17.相三进五　马6进4

面对红炮八平五的威胁，黑抢先动手，积极的应着！

18.车七平六　…………

不敢打车，黑马4进3，帅五平六，车2平4连杀！

18.…………　马8进6　　19.炮八平五　…………

如马五进四（马五进三，黑车8进1，不惧），黑炮7进2，红方也无续攻手段。

19.…………　车2进9

不敢马4进3，红帅五平六反杀！黑方崩溃。

20.马七退八　马4退5

回马及时，如马4进3，红帅五平六即胜！

21.马五进三　…………

如车六退一，黑车8退1，马五进三，马5进7，车六平二，马7进6，仕五进四，马6退8，黑方残棋稍好。

21.…………　车8进1

不能马5进7，红方有帅五平六的手段，黑方只能马6退5，红炮五平二得车胜定。

22.马三进四　炮7平6　　23.马八进九

如车六退一，黑方可以车8退3对捉解围，至此双方互缠，都有机会。

总结： 和上一节马6进5的变化一样，本节的选择双方大打对攻，套路性很强，经过激烈的转换后形势还是难解难分，非常适合喜好缠斗的爱好者采用，即便是一击不中，也可以拉长战线持续作战，总之牛头滚的变化在专业棋坛流行至今，确有深入学习的价值，对于提高综合棋力大有帮助。

黑士4进5变5

1. 炮二平五　马8进7　　2. 马二进三　车9平8

3. 车一平二　卒7进1　　4. 车二进六　马2进3

5. 兵五进一　卒3进1　　6. 兵五进一　士4进5

7. 兵五进一　马3进5　　8. 马三进五　马5进6

9. 马八进七　炮2平5　　10. 车九平八　车1平2

11. 炮八进三　…………（如图）

介绍过最为主流的红方仕六进五的攻法后，本节给大家介绍炮八进三的走法，是笔者研究的一路新变化，威胁要炮八平三射兵，且看效果如何。

11. …………　炮5进5

打炮交换再飞象是最为自然的反应，有什么问题吗？

12. 相七进五　象3进5

13. 马五进六　…………

红方如图穷匕首见，在骑河炮的掩护

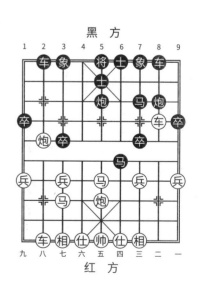

.166.

下策马交换，一举取得优势局面。

13.·········　马6退4

兑换是无奈的选择，如马6进4寻求对攻，红马6进4叫杀！黑车8进1，红车二进一先得一子，大占优势。

14.炮八平六　车2进9

即便走车2平4也不能摆脱困境，红炮六平五，黑炮8平9，车二平三，黑方子力受压严重，没法发展。

15.马七退八　炮8平9

如马7进6，红炮六平五！黑方右侧门户大开，没法收拾。

16.车二平三　车8进2　　17.炮六平五

黑方的右侧真空，红方后方马队畅通无阻，虽然子力相当，但明显红方优势。

> **总结：** 本节变化短小精悍，红方炮八进三的"小飞刀"很容易得手，实用性很强。分析黑方的问题，第十一回合较好的选择应该是直接炮8平9兑车，以下红炮八平三，车2进9，马七退八，炮9进4，马八进七，炮5进5，相七进五，象3进5换车后双方基本均势。此变炮八进三的选择，结合前几节仕六进五的主流变化，对于喜欢下牛头滚的爱好者来说无疑于手中多了"两柄利器"，如若运用得当，必有收获。

第八章

五七炮进三兵
对屏风马进 3 卒

黑卒1进1大开车变1

1.炮二平五　马8进7　　2.马二进三　车9平8

3.车一平二　马2进3　　4.兵三进一　…………

进三兵的体系是 20 世纪 90 年代后开始兴起的成熟的开局种类。

4.………… 卒3进1　　5.马八进九　卒1进1

边卒制马是最为主流的应对方案,以往也出现过例如车1进1,象3进5,象7进5等走法,经过近三十年实战的积淀,卒1进1的应着是公认对抗性最强的选择。

6.炮八平七　…………

至此形成五七炮进三兵对屏风马进三兵的主流变例。

6.………… 马3进2

7.车九进一　卒1进1(如图)

兑边兵俗称大开车,另有主流变化象3进5和马2进1的选择,在后面的课程中我们将会介绍。

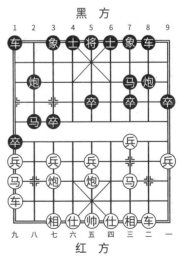

8. 兵九进一　车 1 进 5　　9. 车二进四　车 1 平 4

防止红方车九平六的选择，是非常工稳的变化。

10. 车九平四　象 7 进 5　　11. 车四进三　…………

兑车是出现最多的走法，符合三兵体系稳中进取的战略思想，另有马三进四的变化，黑士 6 进 5，马四进五，马 7 进 5，炮五进四，卒 7 进 1 双方互缠。总的来说，黑方可以抗衡。

11. …………　车 4 进 2

避免兑车是可以理解的，否则黑车走动步数过多，易落下风，只是黑车的落点颇有讲究，实战进车捉炮抢先，是棋迷爱好者较易采用的变化。

12. 炮五平四　…………

红方卸中炮是当前局面下的好棋，调整了阵型，黑方不敢车 4 平 3 吃炮，红相三进五打死车，取得优势局面。

12. …………　炮 8 平 9

既然红炮离开中路放弃了对黑方中卒的威胁，兑车是自然的选择。

13. 车二进五　马 7 退 8　　14. 仕四进五　…………

细微之处见真章！对于绝大多数爱好者来说，相三进五会成为首选，补仕的好处在于七路炮的灵活性更强，有助于夺取先手，我们接着往下看。

14. …………　车 4 退 3

退车河口准备卒 7 进 1 兑兵，如车 4 退 1，红炮四进一，黑方还要车 4 退 2（如车 4 退 3，红车四进二，有多兵的趋势）。

15. 车四进五　…………

好棋！如炮四进七打士，黑卒 7 进 1 活通子力，红方便宜不大。

15. …………　将 5 平 6　　16. 马三进四　将 6 平 5

17. 马四进六　…………

先弃后取，红马位置极佳，且多吃一士，已获得优势。

17.………　　炮9进4　　18.炮七平五　………

还架红炮体现了之前补士带来的好处，黑方中路有压力。

18.………　　马8进7　　19.炮四进四

黑方阵型较难施展，红方残棋略占优势。

总结： 本节所介绍的进三兵大开车的变化，黑方之所以吃亏，是因为第十一回合躲车不当，正着应选择车4进1，红如仕四进五，黑马2进3，红马九进八，车4退3，双方内线运子，战线漫长。红方实战当中的运子技巧值得大家学习，一手补士，一着车砍士，都属于"平淡之中见功夫"，喜好斗残棋棋底的朋友，可以大显身手了！

黑卒1进1大开车变2

1. 炮二平五　马8进7　　2. 马二进三　车9平8

3. 车一平二　马2进3　　4. 兵三进一　卒3进1

5. 马八进九　卒1进1　　6. 炮八平七　马3进2

7. 车九进一　卒1进1　　8. 兵九进一　车1进5

9. 车二进四　车1平4　　10. 车九平四　象7进5

11. 车四进三　车4进1

12. 仕六进五　………（如图）

仕六进五的走法最早是特级大师于幼华在大赛当中下出的新着，和传统的仕四进五相比，补自己薄弱一侧的仕与棋理相悖，究竟意欲何为呢？

12.…………　马2进3

13. 车四平八　…………

平车捉炮是既定的方案。

13.…………　马3进1

采用较多的选择，如果走炮2平4，

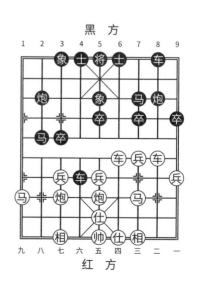

黑　方

红　方

红车八退一，马 3 退 4，车八平六，炮 4 进 4，兵三进一，下步有车二平六的得子手段，红方大优。

14. 相七进九　炮 2 平 4　　15. 马三进四　…………

拍马出击，放弃中兵是勇敢的进击手段，引诱黑车上钩。

15. …………　车 4 平 5　　16. 炮七进七　…………

打象弃子是突破的好手！

16. …………　象 5 退 3　　17. 车二退一　炮 4 平 5

平炮是唯一的选择，如车 5 退 2，红马四进三抓死车，获得优势。

18. 车二平五　炮 5 进 4　　19. 车八平五　炮 8 退 1

黑炮不敢随意躲藏，因为红车五进二之后可以随意抽将，黑方难挡，除了实战当中炮 8 退 1 的应着，另有炮 8 进 3 牵制的选择，后续我们会给大家介绍。

20. 车五退一　炮 8 平 5

黑方多卒缺象，如若换掉红方的中炮，则局面大体相当，红方有什么手段呢？

21. 马四进五　…………

交换的巧手！保留了车炮的有利配置。

21. …………　马 7 进 5

不能炮 5 进 5，红马五进三，士 6 进 5，马三进二，红方得子胜定。

22. 车五进三

残棋当中，红方多相且保留车炮，占据优势。

总结： 套路性极强的攻着帮助红方取得了局面的主动，第十二回合仕六进五的变化不胫而走，成为三兵体系当中的一路进攻利器，第十九回合当中黑炮 8 退 1 的应着看来是略有不足的，下一节，我们一起来看看黑方炮 8 进 3 的兑换手段，看看能否抵挡红方弃子的攻势。

黑卒1进1大开车变3

1. 炮二平五　马8进7　　2. 马二进三　车9平8

3. 车一平二　马2进3　　4. 兵三进一　卒3进1

5. 马八进九　卒1进1　　6. 炮八平七　马3进2

7. 车九进一　卒1进1　　8. 兵九进一　车1进5

9. 车二进四　车1平4　　10. 车九平四　象7进5

11. 车四进三　车4进1　　12. 仕六进五　马2进3

13. 车四平八　马3进1　　14. 相七进九　炮2平4

15. 马三进四　车4平5　　16. 炮七进七　象5退3

17. 车二退一　炮4平5　　18. 车二平五　炮5进4

19. 车八平五　炮8进3（如图）

这一节介绍黑方走炮8进3的变化。

20. 车五退一　炮8平6

21. 车五进三　士4进5

面对红方中路的抽将，黑士4进5是比较顽强的应对，另有士6进5的变化介绍如下，红车五平三，黑炮6平5，车三进一，黑方的8路车不能抬头，红方残棋优势很大。

22. 车五平七　…………

平车抽将黑象，是夺取主动的关键走

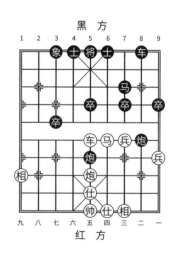

. 176 .

法！如车五平三，黑炮 6 平 5，车三进一，车 8 进 6，下步有车 8 平 5 兑换的走法，红方很难进取。

22.………　士 5 进 4

另有几变分述如下，一变黑将 5 平 4，车七平六，士 5 进 4，车六进一，将 4 平 5，车六平三，红方占优；二变黑士 5 退 4，红车七进一吃回一子，占据优势。

23. 车七进三　将 5 进 1　　24. 车七退一　将 5 退 1

25. 车七平四　………

一般情况下，单车滑炮难成杀棋，但在当前形势下，黑方的子力位置非常尴尬，随时有丢子的危险。

25.………　炮 6 平 2　　26. 车四退一　车 8 进 2

进车保马无奈，另有马 7 退 9 的选择，红车四平五，将 5 平 4，车五平六，将 4 平 5，帅五平六，将 5 进 1，车六进一，将 5 退 1，车六平一，红方得回失子占优。

27. 车四平五　将 5 平 4

不能补士，红车五平三连吃车马。

28. 车五平六　将 4 平 5　　29. 帅五平六　将 5 进 1

避开红车六平五的抽将，无奈之着。

30. 车六进一　将 5 退 1　　31. 车六退二　将 5 进 1

32. 车六平三

以下红方三路兵长驱直入，黑虽多一子，但极难防范，红方大优。

总结： 本节第十九回合黑方炮 8 进 3 的选择从实战来看也居于下风，红方虽然只有车炮两个大子，但是配合得当，硬是做出棋来获得优势，本节内容对于棋友熟练掌握车炮的运用是大有裨益的，回到开局的本身，红方第十二回合仕六进五的变化是完全可行的，从目前的专业高手对局结果来看，黑方大开车的变化遭到红仕六进五的攻击，尚没有找到可以完全抵挡的方案，也许这就是 2015 年之后大开车变化出现频率越来越低的原因吧！

黑象3进5变1

1. 炮二平五　马8进7

2. 马二进三　车9平8

3. 车一平二　马2进3

4. 兵三进一　卒3进1

5. 马八进九　卒1进1

6. 炮八平七　马3进2

7. 车九进一　象3进5（如图）

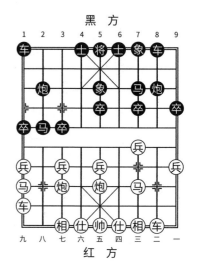

黑　方

红　方

本节开始给大家介绍黑方象3进5的应着，是目前在全国大赛当中较为主流的选择。

8. 车九平六　车1进3

高车兵林攻守两利，将来有机会可以炮8平9兑车来减弱红方的进攻火力。

9. 马三进四　…………

跃马是2010年前后开始流行的攻法，早期的对局多走车二进六，黑炮8平9兑车，不论是红车二平三压马还是车二进三兑车，黑方都有相应的对抗之策。

9. ……………　士 6 进 5

补士加固中路是正常的反应，另有马 2 进 1 的变化后面章节会介绍到。需要指出的是，补士的方向有讲究，大赛当中曾出现过黑士 4 进 5 的走法，红车二进六，黑炮 8 平 9，车二进三，马 7 退 8，炮五进四，黑右侧有些空虚，红方便宜。

10. 马四进六　……………

飞马骑河助攻是这路新式攻法中的亮点！如车二进六，黑炮 8 平 9 兑车，则还原成老式三兵的套路，黑方具备应对之法。

10. ……………　车 1 平 4

拉住红方车马是最自然的反应。

11. 车二进一　……………

联车生根，准备马六进四卧槽。

11. ……………　炮 2 平 4

红马的诱惑难以抵挡，平炮是爱好者难以拒绝的诱惑，会有什么问题呢？

12. 马六进四　……………

弃车，石破天惊！

12. ……………　炮 4 进 6

无奈，如车 4 进 5，红马四进三，将 5 平 6，车二平六，车 8 进 1，车六平四，士 5 进 6，炮七平四，士 6 退 5，炮四平二！红方得车胜定。

13. 马四进三　将 5 平 6　　14. 车二平四　士 5 进 6

15. 炮五平四　士 6 退 5　　16. 炮四平二　……………

借车使炮！

16. ……………　士 5 进 6

17. 炮二进七　象 7 进 9

18. 炮七平四　……………

二度借车使炮！

18.………… 士6退5

19. **炮四平六** 士5进6

20. **车四平六**

红方连得车炮，反占多子之利。

总结：本节红方的飞刀简明实用，是比较典型的卧槽马攻势，熟悉杀路的棋友不难在实战演变当中找到共鸣。黑方第十一回合贪吃红马可谓败着！较为合理的改进着法是卒5进1，我们将会在后面的章节当中提到。

黑象3进5变2

1.炮二平五	马8进7	2.马二进三	车9平8
3.车一平二	马2进3	4.兵三进一	卒3进1
5.马八进九	卒1进1	6.炮八平七	马3进2
7.车九进一	象3进5	8.车九平六	车1进3
9.马三进四	士6进5	10.马四进六	车1平4

11.车二进一　卒5进1　（如图）

这一节我们来介绍黑卒5进1的应对，阻止了红方可能马六进四的线路。

12.炮五进三　∙∙∙∙∙∙∙∙∙∙∙

打中兵是较为新颖的应着，曾经也有炮七进三的选择，具有很强的欺骗性，黑如炮2平4（正着是炮8进2，红炮五平七，马2退3，车六平八，双方互有顾忌），红有炮五平六的妙手，黑车4进1，炮七进四！象5退3，炮六平七，得回一车，红方占据优势。

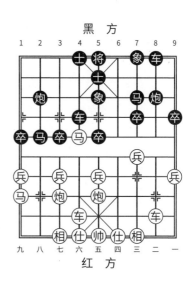

12.⋯⋯⋯⋯　炮2平4

红炮打兵的选择不同，黑方的应着自然也不同，现在平炮牵制非常机警，避开了红方的鬼头刀！如随手炮8进2，红车二进四，车8进4，炮五平七，马2退3，炮七平二，车4进1，车六进四，马3进4，炮二平九，残棋红方多兵占优。

13. 兵七进一　⋯⋯⋯⋯

进兵加强威胁，局面更加复杂。

13.⋯⋯⋯⋯　车4平5

平车捉双，强行吃子，如炮4进2，红兵七进一先弃后取占优。

14. 炮五平七　象5进3　　15. 炮七进三　炮4平3

如象7进5，红方有马六进五的突破手段，黑方不太行。

16. 炮七平九　炮3进7　　17. 仕六进五　马2退1

18. 车六平八

经过激烈的转换，红方多兵且子力位置较佳，黑方多子，双方对攻激烈，优劣难分。

总结：本节所介绍的变化是一路拼命棋，红方对黑方多有考验，双方应着俱正，会形成复杂的对攻局面，比较符合喜好攻杀的爱好者的胃口，决定对局结果的还是后半盘双方较量的情况。

黑象3进5变3

1. 炮二平五　马8进7

2. 马二进三　车9平8

3. 车一平二　马2进3

4. 兵三进一　卒3进1

5. 马八进九　卒1进1

6. 炮八平七　马3进2

7. 车九进一　象3进5

8. 车九平六　车1进3

9. 马三进四　马2进1（如图）

本节开始给大家介绍黑方马2进1
的变化，相较于士6进5的选择，更偏
重于进攻。

10. 车二进六　…………

挥车过河，准备先弃后取，是非常
有新意的选择，如简单走炮七退一，黑
方可能走炮8进5封压，红方阵容有点

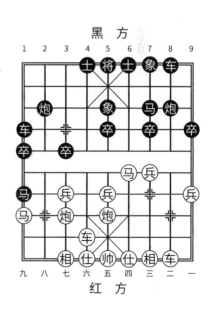

压抑。

10.………… 马1进3

踩炮交换属于必然，如再士6进5，红炮七平八牵制黑方2路炮的动向，红方空间较大，占据主动。

11.马九进八　车1平2

12.马八退七　…………

交换子力后，红方空间较大，黑方多卒，应是互有顾忌的形势。

12.………… 炮8平9

兑车是常见的选择，另有士6进5的变化，在后面的章节会给大家介绍。

13.车二平三　…………

吃兵正确，如车二进三，黑马7退8，炮五进四，士6进5，红方兵种虽多，但子力前后脱节，并不有利。

13.………… 车8进9

如直接炮9退1，担心红可能车六进六的骚扰，直接进车底线，是相当凶悍的走法，给红方的行棋提出了严峻的考验。

14.马七退五　…………

回马窝心以退为进，是协调局面的好手段！如强硬走兵三进一，黑车8平7，马四进二，炮9平8（红马二进三，黑炮8进7），黑方摆出弃子强攻的架势，红方很难控制住局面。

14.………… 车8退1

退车是常识性的选择，准备车8平6攻击红方的窝心马。红方怎么来应对呢？

15.兵三进一　…………

过兵助攻！对黑方车8平6的威胁视而不见。

15.………… 车8平6　16.车三平四　…………

好棋！既开辟了兵三进一的线路，又可以将来马四进六兑车解困，黑车走动过多，已经明显落入下风了！

　16.……………　炮9进4

　17.兵三进一　炮9进3

　18.马四进二

化解黑方的杀着，黑马受困难以调整，红方大占优势！

总结：实战当中红方对于马的运用值得借鉴，从马九进八先弃后取，到马七退五窝心掩护底相，都非常实用，通过演变我们可以看到，黑8路车走动过多并没有反击的效果，所以给大家的建议是第十四回合黑方可以考虑走炮9退1，红如车六进六，黑可以炮9平1调整，有炮1进1的手段来掩护7路马，将来还可以再赶走红六路车后炮1进2牵制红过河车。一方"马如龙"，一方"炮威勇"，往后局面的发展双方各有机会。

黑象3进5变4

1. 炮二平五　马8进7　　2. 马二进三　车9平8

3. 车一平二　马2进3　　4. 兵三进一　卒3进1

5. 马八进九　卒1进1　　6. 炮八平七　马3进2

7. 车九进一　象3进5　　8. 车九平六　车1进3

9. 马三进四　马2进1　　10. 车二进六　马1进3

11. 马九进八　车1平2

12. 马八退七　士6进5（如图）

本节给大家介绍黑方士6进5的变化，和上一节所介绍的炮8平9的走法相比，要更稳健一些。

13. 马四进六　…………

红马直入黑阵，是类似局面下的常用手段，不怕黑方走车2平4吗？

13.…………　车2平4

14. 兵七进一　…………

弃兵是突破的好棋。

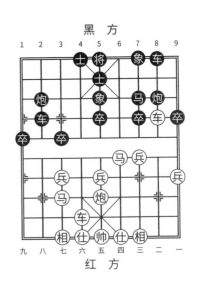

14. ………… 卒 3 进 1

如炮 2 平 3，红兵七进一，炮 3 进 5，车二平三捉马，因为有马六进四的威胁，黑方不好防守。

15. 马七进九 车 4 平 3

如卒 3 平 2，红马九进八，车 4 退 2(如车 4 平 3，红马六进四)，车二平三，下步有马八进七的手段，红方大兵压境，占据优势。

16. 马六进四 士 5 进 6

如改走车 8 进 1，红车二进一！车 8 进 1，马四进三，将 5 平 6，车六平四，士 5 进 6，炮五平四，士 5 进 6，炮四平七抽车，红方多子胜定。

17. 马九进八 …………

正确，如车二平三，黑方有炮 8 进 4 的反击，红方边马和过河车难以兼顾，不理想。

17. ………… 车 3 进 1   18. 炮五进四 士 4 进 5

19. 马四退五 …………

巧妙的手段！

19. ………… 车 3 平 2   20. 马五进六 车 2 平 6

无奈，如车 2 进 2，红马六进七，帅 5 平 6，炮五平四绝杀！

21. 马六进八

得回失子后，红方大占优势。

总结：本节红方又一次给大家上演了千里马的故事，第十四回合弃兵再边路出马的构思十分巧妙，纵观实战过程，黑方第十三回合车 2 平 4 的牵制反受其害，更好的选择是什么呢？下一节我们一起来看看。

黑象3进5变5

1. 炮二平五　马8进7　　2. 马二进三　车9平8

3. 车一平二　马2进3　　4. 兵三进一　卒3进1

5. 马八进九　卒1进1　　6. 炮八平七　马3进2

7. 车九进一　象3进5　　8. 车九平六　车1进3

9. 马三进四　马2进1　　10. 车二进六　马1进3

11. 马九进八　车1平2

12. 马八退七　士6进5

13. 马四进六　卒5进1　（如图）

本节给大家介绍的是黑方卒5进1的走法，可以有效阻挡红方马六进四的进攻线路。

14. 兵七进一　…………

进兵活通后方马路，是当前局面下红方常用的攻击手段，如直接走兵三进一，黑象5进7，炮五进三，象7退5，红方并没有续攻的手段。

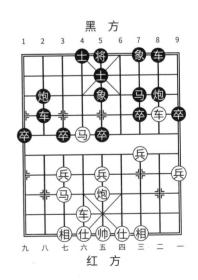

14.‥‥‥‥‥　炮 2 平 4

平炮是正常的应对，另有两变，如车 2 进 1，红炮五进三，黑方受攻；又如改走车 2 平 3，红马七进八，车 3 平 2，马八退九！车 2 平 3，兵七进一，车 2 平 3，马九进七，下步有炮五平七的手段，红方形势生动。

15.车六平四　炮 8 平 9

兑车是正应！如选择车 2 平 4，红兵七进一，炮 4 进 2，兵七平六，车 4 进 1，车四进七，黑方左侧三子瘫痪，难以对抗。

16.车二进三　马 7 退 8　　17.兵七进一　‥‥‥‥‥

过兵是非常实惠的选择，另有兵五进一的变化，黑卒 5 进 1，车四进七，车 2 平 4，马六进四，炮 4 退 1，炮五进五，士 5 进 6，对攻之中，红方不容易控制局面。

17.‥‥‥‥‥　象 5 进 3　　18.炮五进三　‥‥‥‥‥

如兵五进一，黑卒 5 进 1，马六进四，炮 4 平 6，马四退五，炮 6 平 5 简化，黑方形势不错。

18.‥‥‥‥‥　象 7 进 5　　19.炮五退一　‥‥‥‥‥

退炮避免黑车 2 平 4 的手段，正着！

19.‥‥‥‥‥　炮 9 平 6

同样阻止红将来马六进四的攻着。

20.车四进四

至此，红方子力位置靠前，稍占优势，黑方防线坚固，也可以对抗。

总结：实战所介绍的变化是经过比赛验证的着法，双方都可以接受，对于喜欢下五七炮进三兵的棋友来说，本节变化是一定要掌握的"公式变例"，有了这一节的基础，我们在对弈的过程当中就可以做到知己知彼，百战不殆。

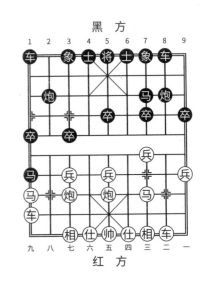

黑方

红方

黑马2进1变1

1. 炮二平五　　马8进7

2. 马二进三　　车9平8

3. 车一平二　　马2进3

4. 兵三进一　　卒3进1

5. 马八进九　　卒1进1

6. 炮八平七　　马3进2

7. 车九进一　　马2进1 （如图）

这一节给大家介绍黑方马2进1的选择，和传统的卒1进1以及象3进5的变化相比，吃边兵的走法更有攻击性。

8. **炮七退一**　…………

退炮是含蓄的走法，也是我们着重要给大家介绍的变化，早期棋手多走炮七进三，黑卒1进1，车九平六，车1进4，炮七进一，士6进5，双方纠缠，各有顾忌。

8. …………　　车1进3

进车兵林是既定的方针，要车1平2出动。

9. 车九平八　⋯⋯⋯⋯⋯

红方抢先出车，顺理成章。

9.⋯⋯⋯⋯⋯　**炮2平4**

平炮避开红车的牵制，是最为自然的选择，另有卒1进1的变化，相对偏激，红车二进五，黑炮2平4，车二平七，从实战效果来看，红方略占主动。

10. 车八进二　⋯⋯⋯⋯⋯

黑方阵势稳健，唯有边马和底象稍有弱点，红方进车攻马，选点准确。

10.⋯⋯⋯⋯⋯　**卒1进1**

11. 兵七进一　卒1平2

献卒是针锋相对的走法，如卒3进1，红炮七进八，士4进5，车八进六，红方底线车炮势不可当。

12. 车八平六　⋯⋯⋯⋯⋯

放弃黑卒的诱惑，平车再弃兵，是特级大师孙勇征在实战当中弈出的佳构，新意十足！以往的对局当中，红方清一色都是走车八进一的，黑马1退3，红仕四进五，象7进5，黑边马和底象的弱点同时消失，局面可以抗衡。

12.⋯⋯⋯⋯⋯　**卒3进1**

红兵是难以抵挡的诱惑，除了实战卒3进1的选择，黑方还有卒2平3和马1退3的两路变化，后续的章节我们会详细讲到。

13. 炮七进八　士4进5　　14. 炮七退二　⋯⋯⋯⋯⋯

退炮攻击黑马，继续给黑方出难题。

14.⋯⋯⋯⋯⋯　**马1退2**

回马弃子是无奈的选择，另有象7进5的变化，红车二进七，黑车8进2，炮七平五，士5进6，车六进四，红一车换双且牵制住黑方车马，占据优势。

15. 马九进八　⋯⋯⋯⋯⋯

弃马踩兵是获取优势的好棋！如直接炮七平三，黑马2进4，马九进八，车1平2，局面还不明朗。

15.············ 卒3平2

16. 炮七平三

交换子力后，红方多相且子力位置较佳，明显占优。

总结：面对黑方马2进1的变化，红采用了炮七退一含蓄的攻法，第十二回合亮出了车八平六的飞刀。从实战进程来看，黑方卒3进1的走法较易吃亏，红方得相之后控制局面的手段非常简明，尤其是第十五回合的战术手段，值得学习。

黑马2进1变2

1.炮二平五　马8进7	2.马二进三　车9平8
3.车一平二　马2进3	4.兵三进一　卒3进1
5.马八进九　卒1进1	6.炮八平七　马3进2
7.车九进一　马2进1	8.炮七退一　车1进3
9.车九平八　炮2平4	10.车八进二　卒1进1
11.兵七进一　卒1平2	12.车八平六　卒2平3（如图）

上一节中黑方卒3进1的变化不够理想，本篇卒2平3的选择也是爱好者在实战当中易走出的棋步。

13.炮七平九　…………

黑方的双叠兵阻挡了红方七路炮对底象的威胁，红方机敏地调转枪头，直指黑方的边马，战术运用非常灵活。

13.…………　炮4平1

只能平炮防守，如果士6进5，红车六平九（炮九进二，黑炮8进4，得回一子），车1平4，炮九平三，车4进2，车二进六，

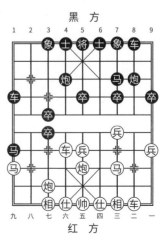

红方多子占优。

14. 车二进三 ············

选点准确，准备要兵五进一攻击黑方的边马，如改走车二进六，黑象7进5，红方也没有续攻的手段。

14. ············ **前卒平4**

献兵是无奈的选择，另有炮8平9兑车的变化，红车二进六，马7退8，炮五进四！车1平5，炮九平五，黑方丢车，大亏。

15. 车六进一 ············

吃卒是简明的走法，如硬走车六平八，黑象7进5，兵五进一，卒4平5，炮九进二，炮1进4，车八平九，车1进3，车二平九，炮8进5，交换子力后，红虽多子，但少兵，较难争胜。

15. ············ **马1进3** **16. 车六进五** ············

吃士获取子力优势，简明而实用。

16. ············ **将5平4** **17. 炮九进五**

至此，红方多仕，明显占优。

> **总结：** 本节所讲红方的攻着值得借鉴，下二路的红炮运用非常传神，对黑方的阵型进行遥控打击，取得了优势局面。需要注意的是，红方在实战当中一直在攻马，但最后获取优势的途径竟然是破士，充分演示了声东击西战术手段的精妙之处，值得大家学习。

黑马2进1变3

1. 炮二平五　马8进7　　2. 马二进三　车9平8

3. 车一平二　马2进3　　4. 兵三进一　卒3进1

5. 马八进九　卒1进1　　6. 炮八平七　马3进2

7. 车九进一　马2进1　　8. 炮七退一　车1进3

9. 车九平八　炮2平4　　10. 车八进二　卒1进1

11. 兵七进一　卒1平2　　12. 车八平六　马1退3（如图）

本节给大家介绍黑方马1退3的选择，是黑方最具对抗性的着法。

13. 车二进五　……

不吃黑卒而挥车骑河，选点准确。

13. ……　卒7进1

献兵势在必行，如求软走士6进5，红车二平七，象3进5，马九进八！象5进3，马八进九，黑方侧翼门户大开，红方大占优势。

14. 车二退一　……

退车河口是正着！如车二平三，黑象3进5，车三进一，士4进5，黑方轻易地

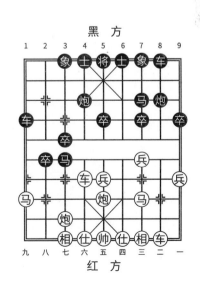

加固了自己的防线，红方无力进攻了。

　　14. ………… 象7进9

唯一的应着！如卒7进1，红车二平三，黑方要丢子。

　　15. 马三进四　士4进5　　16. 车二进二 …………

再放黑卒过河，着法凶狠！

　　16. ………… 卒7进1　　17. 马九进八　车1平2

　　18. 马四进五 …………

踩兵给黑方施加压力。

　　18. ………… 马7进5

肯定不能车2进2，红马五进三，车8平7，炮七平三，下步有马三进五的攻击手段，黑方难以抵挡。

　　19. 车二平五　车2平5

除了换车之外，黑方还有车2进2的走法，红车六进四，象9退7，车五平七，象3进5，车六进一，车2退5，车七平二，拉住无跟车炮，下一步炮七平二得子，红方明显占优。

　　20. **炮五进四**　象3进5　　21. **相七进九** …………

黑马位置尴尬，右侧空虚，形势已经被动了。

　　21. ………… 马3退5　　22. 兵五进一　马5退7

　　23. 马八进七

以下黑方如果炮8进1，红炮七平五，黑方右侧难以抵挡红方车马的攻势，红方占优。

　　总结： 本节红方的攻着犀利，黑方防守起来难度很大。从目前的开局理论来说，红方第十二回合车八平六的走法是非常克制黑方马2进1变化的，棋友们可以在学习中着重研究红二路车的活动线路，可以加深对此开局的理解。

第九章

中炮进七兵对反宫马

红急进七路马变

1. 炮二平五　马2进3　　2. 兵七进一 ┄┄┄┄┄┄

面对黑方可能反宫马的变化，红方抢挺七路兵，意图把局面导向自己熟悉的领域。

2. ┄┄┄┄┄┄　炮8平6（如图）

黑方走成了反宫马的格局，这个士角炮随时准备炮6进5串打，一定程度上对红方马八进七正出起到了遏制的作用。

3. 马八进七 ┄┄┄┄┄┄

红方依然跳马，引诱黑炮6进5串打，典型的开局陷阱。

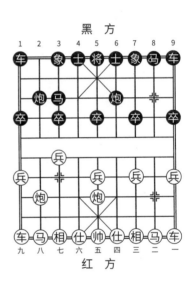

3. ┄┄┄┄┄┄　马8进7

出子是正确的思路，如果走炮6进5，红车九进二，炮6平3，炮八进二，炮3退1，车九平七，炮3平7，兵七进一，卒3进1，炮八平一，马8进9，车七进三，黑马难逃，中路漏风，红方占据优势。此变是非常基础的反宫马开局套路，初级爱好者一定要熟练掌握。

4. 马七进六　士4进5

同样补厚中路，士象里头有大学问，补士保留将来炮6平5还架中炮的可能，更显机动。

5.马二进三　车9平8　　6.炮八平七　…………

平炮准备亮车和兵七进一攻马，是红方设置的第二个陷阱，相当隐蔽。

6.…………　　象3进5

补象正应！如贪功选择车8进5，红马六进四，车8平3，马四进六，车3进2，马六进七，将5平4，马七进九，红方得车，多子占优！

7.炮五平六　…………

平炮封车含有试探黑方应手的作用，正常选择是车九平八，黑车1平2，车八进四，稳步进取，双方僵持。

7.…………　　车8进5

经过慎重的考虑，黑车骑河攻马，主动挑起战火。

8.马六进四　车8平3

将计就计，如委屈走车8退3，红车一平二仗势欺人，黑方不能接受。

9.马四进六　车3进2　　10.马六进七　将5平4

11.马七进九　车3平4

一阵强制的交换，黑方一车换双，由于红双车未动，黑方已然反先。

12.相七进五　…………

如马九退八，黑车4平7，红方有效步数只有一匹笨马，高下立判。

12.…………　　炮2退2

接下来有车4退6再车4平1捉死马的手段，黑方占优。

总结： 作为反宫马系列的开篇，本节介绍了红七路马的几路陷阱和黑方的应对之策，对于初级爱好者来说应该会很有帮助，红方第七回合炮五平六的变化欺骗性太强，以致落入下风，应改走注解中所讲车九平八的选择，则双方皆有一战。从战术角度而言，本局红方弃马、弃炮，黑方弃车，在弃子取势这一块还是很有看点的。

第十章

五六炮对反宫马

黑士6进5变

1. 炮二平五　马2进3　　2. 马二进三　炮8平6

3. 车一平二　马8进7

本节回归到最正常、最流行的中炮对反宫马的格局，大体上当前局面下，选择红兵三进一和炮八平六的最多，另外有些兵五进一，炮八进二，车二进六之类的进攻线路出现不多，黑方应对方案较为丰富。

4. 炮八平六　………（如图）

五六炮的阵势从20世纪80年代流行至今，很好地兼顾了正马出击和均匀出子的计划，是红方棋子采用最多的选择。

4. ………　车1平2

出车是工稳的应对，另有炮2进6的走法，后续章节会介绍到。

5. 马八进七　炮2平1

三步虎亮车，实属正常，限制红车出动，另外有卒3进1制马的选择，后续也会给大家讲到。

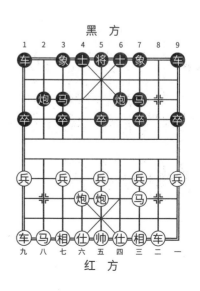

6. 兵七进一　卒 7 进 1　　7. 马七进六　士 6 进 5

面对红马吃中兵空头炮的威胁，黑方补棋是必然的，除了本节所讲士 6 进 5 的变化，士 4 进 5 也很常见，后面会讲到，需要指出的是，由于想保留将来炮 6 平 5 还架中炮的可能，所以黑方补象的应着在当前局面下虽然偶有出现，但并不流行。

8. 车二进六　…………

进车威胁黑方 7 路马，是比较积极的选择，老式走法多选择车九进二，准备车九平八兑车，双方容易斗无车棋，总地来说，红方便宜不大。

8. …………　车 9 平 8

兑车是自然的反应，且看红车表态，

9. 车二平三　炮 6 退 1　　10. 马六进七　车 2 进 3

捉马必然！如随手炮 6 平 7，红马七进九！炮 7 进 2，马九进八，马 3 退 2，车九平八，马 2 进 1，车八进七，炮 7 进 3，士四进五，象 7 进 5（不能车 8 进 5，红车八平三，炮 7 退 4，马三进二得子），炮六进六，红方有车八平五和炮五平七的双重威胁，黑方难以兼顾。

11. 炮六平七　…………

平炮保马并对黑 3 路底象有所威胁，如兵七进一，黑炮 6 平 7，车三平四，炮 1 退 1，双方展开混战，胜负难料。

11. …………　炮 6 平 7　　12. 车三平四　车 8 进 5

骑车捉兵常用手段，如马 7 进 8，红马七退六，卒 7 进 1，车四平五，车 2 平 5，炮五进四，下步炮七进五打马，黑方物质力量损失太大。

13. 兵三进一　…………

获得主动的好棋！

13. …………　车 8 退 1

如车 8 平 7 吃兵，红马七退五！车 7 进 1，车九进一，下步车九平二，黑方左侧防线漏洞百出，对攻中明显吃亏。

14. 兵三进一　车8平7

15. 马三进四

黑方不敢吃象，红马四进六，车2退1，马七进九得子。至此红方子力灵活，黑方3路线压力很大，局面吃亏。

> **总结：** 本节红方的攻法比较简明，可以取得一定的主动，黑方第八回合兑车的走法从目前的开局研究理论来看是有些不足的，更好的选择是象7进5，红如车二平三，黑车9平7，红如马六进四，黑可以马7退9，车三平一，马9进7，黑方长兑车马，取得对抗的机会。

黑士4进5变

1. 炮二平五　马2进3　　2. 马二进三　炮8平6

3. 车一平二　马8进7　　4. 炮八平六　车1平2

5. 马八进七　炮2平1　　6. 兵七进一　卒7进1

7. 马七进六　士4进5　（如图）

本节给大家介绍的是黑方士4进5的变化，由于补士的方向不同，红方需要有所警觉。

8. 车九进二　…………

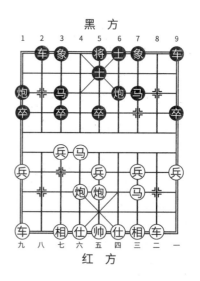

抬车均匀出动两侧子力，是公认比较好的选择，如延续黑士6进5的思路走车二进六，黑车9平8，车二平三，炮6退1，马六进七，车2进3，炮六平七，炮6平7，车三平四，车8进8准备马7进8反击，由于没有七路线闷宫的威胁，红方丧失了马七退六的攻击线路（黑可以马3进4反扑），局面并不令人满意。

8. …………　车9平8

浪费一步棋，但是兑掉红方的明车，审时度势的一步棋，可以化解红方二路车对黑方7路马的潜在威胁。

9. 车二进九　马7退8　　10. 车九平七　………

出车保留变化，如直接马六进五，黑马3进5，炮五进四，象3进5，炮六平五，马8进7，车九平六，炮6进1，黑方可以对抗。

10.………　象7进5

工稳，如炮1进4，红兵七进一，卒3进1，车七进三，象3进5，车七进一，炮1进3，炮五进四，红方较为主动。

11. 车七进一　马8进7　　12. 兵五进一　车2进4

巡河是常见的选择，看红方如何取得突破。

13. 兵五进一　卒5进1

如车2平5，红马六进七，黑车不能离中线，有点难受。

14. 马六进七　炮6进3

较好的化解办法，如卒5进1，红马七进九，车2退2，兵七进一，车2平1，兵七进一，马3退4，车七进一，红方占优。

15. 马七进九　炮6平5　　16. 车七平五　………

好棋！如随手士四进五，黑象3进1，红方先手消失。

16.………　象3进1

不能马7进6，红马九进七，将5平4，炮五进二，马6进5，炮五平六，红胜。

17. 炮五进二　卒5进1　　18. 车五进一

经过简化，红方取得了多兵和兵种占优的局面，不乏进取机会。

总结：本节所介绍的红方的攻法非常朴实无华，最早是特级大师胡荣华在20世纪90年代的全国大赛当中下出的变化，时至今日依然经得起推敲，可谓经典。对于喜欢下反宫马的爱好者来说，第十二回合车2进4的走法还是偏软了一点，2015年后最新潮的黑方选择是炮6进1保持复杂，红方如车七平四，黑方炮6平8，保有炮8进1、进2、进3等的骚扰，双方将会在封闭局面下继续大斗内功，有兴趣的棋友可以在实战当中一试。

黑炮2进6变

1. 炮二平五　马2进3　　2. 马二进三　炮8平6

3. 车一平二　马8进7　　4. 炮八平六　炮2进6（如图）

本节给大家介绍黑方炮2进6的选择，是偏重于进攻的变化，在2010年前后时有出现。

5. 兵七进一　··········

进兵活通马路，是高手总结此局面之后推荐的选择，如按一般思路总要车九进一，黑车1平2，车二进一，炮2退1，车九平八，炮2退1，兵三进一，象3进5，兵七进一，车9平8，车二进八，马7退8，黑方可以与红方对抗。

5. ··········　卒7进1

除了卒7进1的变化，另有车1平2的选择，红兵三进一，车9平8，车二进九，马7退8，车九进二！下步车九平八兑车，分析局面，黑方双马滞后，红方有先手优势。

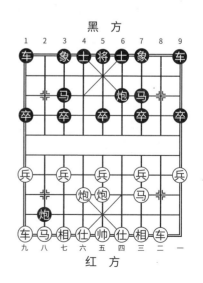

黑　方

红　方

6. 炮六进五 …………

进炮攻马骚扰黑方阵地，是红方获取主动的关键！

6. …………   炮 6 进 2

抬炮保留炮 6 平 1 的攻击手段，如车 9 进 2，红炮五进四，黑方崩溃。

7. 车九进一 车 1 平 2   8. 车二进一 炮 2 退 2

退 2 是保留变化的选择，如简单地炮 2 退 1，红马八进七，士 6 进 5，车二进六，士 5 进 4，车二平三，象 7 进 5，兵三进一，红方先手。

9. 兵五进一 …………

中路进击，阻止黑炮 2 平 7 的手段。

9. …………   士 6 进 5   10. 兵五进一 卒 5 进 1

如士 5 进 4，红兵五平四再兵四平三，黑方无法忍受。

11. 车九平四 …………

牵制黑炮，准备车二进六发动攻击。

11. …………   炮 2 进 1

如选择炮 6 退 4，红车二进六，车 9 进 2，车二平一，象 7 进 9，炮六平一，红方得象占优。

12. 马三进五 卒 5 进 1   13. 炮五进二 炮 6 平 5

14. 马八进七

至此，红方子力更加灵活，明显占优。

总结： 从实战的演变结果来看，炮2进6的选择虽然可以制造复杂的战斗，但是由于削弱了自己的阵地，在红方炮六进五的手段之后难免露出破绽。红方在此变当中双车炮的运用比较灵活，抓住黑方6路炮和7路马的问题穷追猛打，可获主动。

黑卒3进1变

1. 炮二平五　马2进3

2. 马二进三　炮8平6

3. 车一平二　马8进7

4. 炮八平六　车1平2

5. 马八进七　卒3进1 （如图）

本节介绍黑方不走炮2平1，而是选择卒3进1制马的变化，在最高水平的象棋比赛当中时有出现。

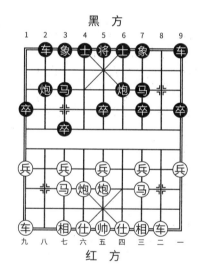

6. 车九平八　炮2进4

进炮封车，是类似局面下进行封锁的常用手段，另有卒7进1两头蛇的可能，红方直接车八进四准备兑兵活马，黑方由于只有单马保护中卒，无法自然炮2平1兑车，开局肯定稍亏。

7. 马七退九　…………

回马金枪，也是类似局面下摆脱封锁的常用手段，如改走车二进四，黑车9平8，车二平四，士6进5，兵七进一，炮2平7，黑方反而抢得先手。

7.………… 炮6进5

出乎意料的冷着！另有炮2退2的变化，演变如下（如炮2平5，红马三进五，车2进9，马五退七抽回一车，得子胜定），红兵七进一！卒3进1，车二进四，卒3进1，车二平七，象7进5，车七退一，接下来有炮六平七攻马威胁中卒的手段，黑方不好防范，落入下风。

8.炮五进四 …………

挥炮打兵是非常实惠的选择！如直接车八进三，黑车2进6，马九进八，炮6平4，黑方满意。红另有炮六平四的变化，黑炮2平5，炮五平八，车2进5，马九进八，车2平4（车2进1，红炮四进一，黑方尴尬），马八进七，炮5退2，黑方弃子有攻势，红方深有顾忌。

8.………… 马7进5   9.车八进三 车2进6

10.马九进八 …………

简化局面之后，红方多中兵，形势不错。

10.………… 炮6退6

避开红士四进五的先手。

11.车二进六 炮6平5   12.相三进五 车9进2

13.车二平三

控制黑车9平4的落点（可以车三平五交换，多兵占优），红方多兵且黑方没有明显的反击手段，红方掌握主动。

总结：本节所介绍的变化是牵制与反牵制的较量，红方第八回合炮五进四打中兵的选择出人意料，却是能够牢牢掌握先手的好棋，而后的演变红方多兵主动。对于棋迷朋友们来说，本篇的弃子与反弃子战术非常实用，可以举一反三地运用到自己的对局当中，从而开拓思路。

第十一章

五七炮双弃兵
对反宫马进 3 卒

黑车9平8变

1. 炮二平五　　马2进3

2. 马二进三　　炮8平6

3. 车一平二　　马8进7

4. 兵三进一　··········

本节开始介绍红兵三进一的变化，也是对付反宫马常见的选择。

4. ··········　　卒3进1

对挺兵活马是最正常的应对，也有车9进1的选择，红可能兵七进一，车9平4，炮五平四，双方另有攻守。

5. 马八进九　　象7进5

7象是主流的应对，另有象3进5的变化，将来的思路是车9进1，但左马容易受到攻击，近些年来选择的就少了。

6. 炮八平七　··········

五七炮是流行时间最长的走法，也是对付反宫马攻击性较强的体系，另外有车九进一，炮八进四，炮八平六等走法，相对来说，在高手对局当中不如平七出现得多。

6. ·········· 车 1 平 2

7. 车九平八 炮 2 进 4

8. 兵七进一 ··········（如图）

双弃兵是五七炮开局体系当中重要的
一路变化！如简单仕四进五，黑车 9 平 8
兑车，红方八路车被封住，盘面没有优势。

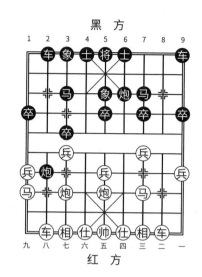

8. ·········· 卒 3 进 1

9. 兵三进一 ··········

再弃一兵是连贯的手段，准备车二
进四对黑方的 3 路线进行打击，进而威胁
中路。

9. ·········· 车 9 平 8

兑车不想让红方走到车二进四，是黑方早期的一路应对，除此还有卒 7
进 1 的变化后面我们会讲到。

10. 兵三进一 ··········

吃兵正确！如习惯性车二进九，黑马七退八，兵三进一，士 6 进 5，红方
不能车八进一了，因为黑方可以卒 3 进 1，红方只能车八平二交换，这样黑方
很舒服。

10. ·········· 车 8 进 9

11. 马三退二 马 7 退 8

12. 车八进一 ··········

让步兑车就为了这步车八进一，以便左车右调展开攻势。

12. ·········· 马 3 进 4

如改走炮 2 平 3，红车八进九，炮 3 进 3，仕六进五，马 3 退 2，炮五进四，
士 4 进 5，炮五平一，残棋红方多兵少象，明显占优。

13. 马二进三 …………

如改走车八平六，黑马4进6，兵三平四，炮6平7，黑6路马位置较佳，红方并不满意。

13. ………… 卒3进1 14. 车八平六 卒3进1

如车2进4，红炮五进四，士4进5，炮七平五，红子力集中，对攻中明显占优。

15. 车六进四 卒3平2 16. 车六平二 马8进6

如马8进9，红车二进二，简明得回失子，占优。

17. 炮五进四 士4进5 18. 兵三进一 …………

进兵夺回失子，及时的好着！

18. ………… 车2进3 19. 炮五退二 炮6进4

20. 兵三平四

黑马必丢，红车马炮兵对车双炮，占据主动。

总结： 本节大家初识了红方五七炮双弃兵的攻法，黑方第九回合车9平8兑车是早期避重就轻的应对，企图避开复杂的大兵团作战，但实战效果事与愿违，红八路车及时投入战斗，配合过河三兵以及中炮，可以取得局面的主动，所以在当今的大型比赛当中，黑方第九回合的应对基本就是卒7进1硬碰硬了。

黑炮2平3变1

1. 炮二平五　马2进3　　2. 马二进三　炮8平6

3. 车一平二　马8进7　　4. 兵三进一　卒3进1

5. 马八进九　象7进5　　6. 炮八平七　车1平2

7. 车九平八　炮2进4　　8. 兵七进一　卒3进1

9. 兵三进一　卒7进1（如图）

本节开始给大家介绍黑方卒7进1的变化，先取得物质优势，再看红方有什么进攻的手段。

10. 车二进四　炮2平3

平炮兑车放弃中兵是早期好战派棋手喜欢的走法，另有卒3平2的选择，后面会详细给大家介绍。

11. 车八进九　…………

兑车接受挑战，另有车八平九委屈避让的变化，我们也会在后面课程当中给大家介绍。

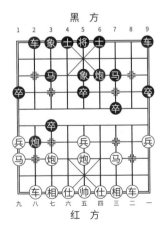

11. …………　炮3进3

12. 仕六进五　马3退2

13. 炮五进四　士6进5

14. 炮五退一　…………

以上双方着法势在必行，红炮先行避开实属

正着，如贪走车二平七吃卒，黑马2进3，炮七进五，炮3退7，黑炮安然撤退，阵型巩固，反倒是红方少相吃亏。

14.⋯⋯⋯⋯　马2进3

同样不能犯卒3进1的错误，红马九进七顺手牵羊，大占优势。

15.车二平四　⋯⋯⋯⋯

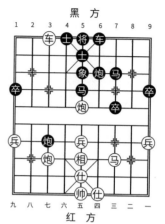

红方少兵缺相，但出子速度较快，这步捉炮让黑方多出一步车，葫芦里卖的什么药呢？

15.⋯⋯⋯⋯　车9平6

16.相三进五　卒3进1

17.马九进七　⋯⋯⋯⋯

弃马踩兵是既定的方针，如炮七平六，黑卒3进1，红方讨不到好。

17.⋯⋯⋯⋯　炮3退3　　18.车四平七　⋯⋯⋯⋯

平车捉双，得回一子。

18.⋯⋯⋯⋯　马3进5　　19.车七进五　⋯⋯⋯⋯（如图）

不吃黑炮反而吃象，是红方较为激进的选择，如车七退一，黑炮6进4掩护卒7进1过河，对攻之中黑方不差。

19.⋯⋯⋯⋯　炮3退4

退炮防守是正着！如马5退3，红车七退二！炮6平3，炮七进五，马7进5，炮五进二，士5进6，炮七进二，将5进1，炮七平四，残棋红方占优。

20.炮五进二　士5进4

21.炮五平三　马5退7

22.炮七平六　⋯⋯⋯⋯

红方弃子之后牵制了黑方整条后防，此着威胁破士继续考验黑方的应对。

22.⋯⋯⋯⋯　将5进1　　23.马三进四　炮6平5

平炮亮车制造反击，时机恰当。

24．马四进六　车6进4

进车弃还一子是稳健的选择，另有炮3平2的变化，红马六进八，车6进2，车七平六，将5平6，马八进六，黑方士象丢尽，虽多一子，但防守难度较大。

25．马六进七　车6平3　　26．车七退一　将5退1

27．炮六平八 …………

继续给黑方考验，攻击力十足！

27．………… 马7进5

唯一正确的选择！不能车3退2吃马，红炮八进七，士4进5，车七进一，士5退4，车七退二得车。另有将5平6的变化，红炮八进七，炮5退2（士4进5，车七进一，将6进1，马七进六抽车），车七平三，车3退2，车三进一，将6进1，炮八平五，残棋当中，红车炮兵位置更好，占优。

28．炮八进七　士4进5　　29．车七进一　士5退4

30．马七进九 …………

眼见无利可图，及时罢兵，非常冷静，如车七平六，将5进1，马七退九，车3平2，红前线攻杀无门，一旦黑马渡河，后防无险可守，反而进退两难。

30．………… 车3退4　　31．马九进七　炮5进4

32．马七退六　将5进1

残棋当中，红方多一仕一相，黑方多一未过河兵，双方形势基本相当。

总结： 作为双弃兵变例当中最为复杂的对攻变化，本节的内容非常丰富，红方进攻的持续手段都是非常紧凑的，而黑方的防守更具难度，大家在学习的过程中要注意几个进攻和防守的要点，黑方6路车及早通头驰援右侧，使局面达到了相对的平衡，总的来看，双弃兵的变化对红黑双方的掌握要求都挺高，需要爱好者们反复揣摩学习，方能融会贯通，做到拿红拿黑都不怕。

黑炮2平3变2

1. 炮二平五　马2进3　　2. 马二进三　炮8平6

3. 车一平二　马8进7　　4. 兵三进一　卒3进1

5. 马八进九　象7进5　　6. 炮八平七　车1平2

7. 车九平八　炮2进4　　8. 兵七进一　卒3进1

9. 兵三进一　卒7进1　　10. 车二进四　炮2平3

11. 车八平九　………（如图）

本节介绍红方车八平九的变化，是稳健
型棋手容易采用的缓攻的选择。

11.………　炮6进4

抬炮过河形成担子炮，同时后方双马掩
护中卒，是当前局面下的正着。

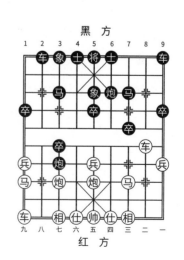

12. 车二平七　马3进4

13. 车七平六　马4进2

跃马进击是正着，如车2进4，红兵五
进一！下一步马九进七，黑方无法阻挡。

14. 马九进七　…………

踩炮是稳健的选择，曾经出现过炮七进七打象的变化，黑车2平3（如象

5退3，红马九进七，炮6平3，车六平七，下步车九平八得回失子，红方得相，形势不错），车六平八，炮6平7，相三进一，炮3进1，黑方对红方牵制极大，红方不太理想。

14. ………… 马2进3

如炮6平3，红炮七平六，士6进5，车六平七，黑方难以应对。

15. 车九进二　炮6平3

另有炮6进1的走法，红车六平四，车2进6，马七进五，马3进4，车四退二，马4退5，相三进五，红方多子较优。

16. 车九平七　炮3退2　　17. 马三进四　士6进5

18. 马四进五　马7进5　　19. 炮五进四　车2进3

20. 车七进三　车2平5

双方基本和势。

总结：从演变的结果来看，红方车八平九的变化稳健有余而攻击力不足，黑方还是比较容易取得平先的局面，第十一回合黑方炮6进4的走法攻守兼备，是反宫马阵型当中常用的一个手段，需要棋迷朋友们注意，这路棋由于红方的物质损失较大，且黑方子力灵活，红方需要快速组织攻势或者迅速简化才能够保证不落于下风，在2020年的全国大赛当中，红车八平九避让的选择已经很少出现了。

黑卒3平2变

1. 炮二平五　马 2 进 3　　2. 马二进三　炮 8 平 6

3. 车一平二　马 8 进 7　　4. 兵三进一　卒 3 进 1

5. 马八进九　象 7 进 5　　6. 炮八平七　车 1 平 2

7. 车九平八　炮 2 进 4　　8. 兵七进一　卒 3 进 1

9. 兵三进一　卒 7 进 1　　10. 车二进四　卒 3 平 2 （如图）

本节介绍黑方卒 3 平 2 的变化，从 20 世纪 90 年代开始流行至今，既保全过河卒，又防红车二平七进攻，非常符合棋理。

11. 兵九进一　…………

先消灭掉黑方的过河卒，正着。

11. …………　炮 6 进 4

这个手段上一节已经有所提及，中路已比较坚固了。

12. 车二平八　车 2 进 5

13. 马九进八　炮 6 平 7

14. 马八进七　…………

面对黑方打相的威胁，进马是积极的选择，如改走相三进一，黑马 3 进 2，兵

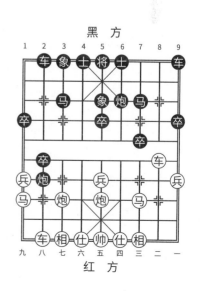

五进一，炮2平6，马八进六，马2进4，对攻之中黑方不弱。

14.………… 象5进3

曾经出现过直接炮7进3的选择，红仕四进五，黑炮2平3，红马七进五，炮3进3，车八平七，象3进5，炮七平九，这样黑方晚车，红方抢先展开攻势，占优。

15.相三进一 马7进6

跃马是新式的飞刀！早期多走车9进1，红兵五进一，车9平2，车八进二，红方机会较多。

16.马七退五 …………

防止黑方马6进4，正着。

16.………… 车9进2

如象3退5，红马五退七抢先；又如卒5进1，红炮七进五交换，黑中卒实在太容易受攻，明显下风。

17.兵五进一 炮2平3 18.炮七进三 …………

打象积极，如马五退七，黑始终有马6进4的手段，红方不满意。

18.………… 马3进4

黑马跃出关死红马，局面犬牙交错。

19.车八进六 车9平5

肯定不能卒5进1，红兵五进一之后左右逢源。

20.车八平六 炮3进1

不能马4进5，红炮七平四，马5进7，马五退七，黑方阵型支离破碎。

21.车六退一 炮3平7 22.车六退二 后炮平5

23.仕六进五 …………

如仕四进五，黑炮7退1打车，将来有车5平8再炮7平6然后炮6退1弃子攻杀的手段，红方深有顾忌。

23.…………　车5平3　　24.炮七平四　车3进7

25.车六退三　车3退7

如车3退2，红车六进三，车3进2（如车3平5，红马五退七占优），车六退三，黑方一将一捉，需要变着。

26.车六进三　车3进7　　27.车六退三　车3退7

一阵强制的交换之后，红方虽多一子，但中马无生路，双方互有顾忌，不变作和。

总结： 本节所介绍的是黑方最新的飞刀，在2019年的全国大赛当中刚刚出现，比起传统第十五回合车9进1的应对，马7进6的选择更具弹性，双方输攻墨守，激战成和。对于喜欢下反宫马的爱好者来说，此变是非常值得深入研究的。

第十二章

中炮两头蛇正马
对半途列炮巡河车

黑炮8平7变

1. 炮二平五　马8进7

2. 马二进三　车9平8

3. 车一平二　炮8进4

这一节开始给大家介绍半途列炮的变化，此着左炮封车，不让红方车二进六过河，策略性很强。

4. 兵三进一　…………

除了兵三进一的变化，另有兵七进一活马的选择，后面会讲到。

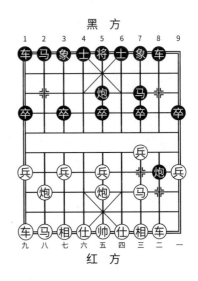

4. …………　炮2平5（如图）

还架中炮形成半途列炮的格局，从20世纪80年代末期开始流行，时至今日依然有不少高手钟情此变化。

5. 兵七进一　…………

两头蛇是针对性较强的走法，如马八进七，黑方可能卒3进1，车九平八，马2进3，炮八进四，炮8平7，双方发展缓慢，很有可能进入马炮残棋的争夺。

5.………… 马 2 进 3　　6. 马八进七　………

正马是最常见的走法，另有马八进九的选择，后面章节也会给大家介绍。

6.………… 车 1 平 2　　7. 车九平八　车 2 进 4

巡河是公认的最佳应着，如车 2 进 6，红马七进六出击，棋手普遍认为红方抢先动手，较为主动。

8. 炮八平九　车 2 平 8　　9. 车八进六　………

双方各攻一翼，局势紧张起来。

9.………… 炮 8 平 7　　10. 车二平一　………

避让是保留变化的选择，如车八平七，黑车 8 进 5，马三退二，车 8 进 9，车七进一，车 8 平 7，车七进二，炮 7 进 1，子力迅速简化，总的来说，双方互有顾忌。

10.………… 炮 5 平 6

红车避让损失一先，黑方也需要调整阵型策应弱马。

11. 车八平七　象 7 进 5　　12. 兵七进一　………

献兵是 20 世纪 90 年代初期特级大师赵国荣在全国大赛当中下出的新着，给黑方提出了考验。

12.………… 前车平 3

13. 车七退一　象 5 进 3

14. 马七进六　车 8 进 4

面对红马六进四和马六进五的双重威胁，黑放弃空头，也是正确的。

15. 马六进五　马 3 进 5

16. 炮五进四　炮 6 平 3

平炮闪击，看红方应对。

17. 炮五退一　…………（如图）

保留变化的着法，如炮五退二，黑炮

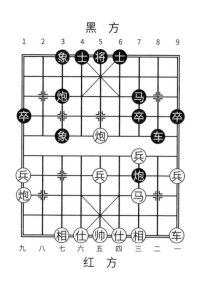

3 进 7，仕六进五，卒 7 进 1，兵三进一，车 8 平 7，黑子力灵活且多象，红方孤炮难鸣，并不见好。

17.………… 炮 3 进 7　　18. 仕六进五　炮 7 平 1

正着！肯定不能车 8 平 5，红炮九平五打死车，占优。

19. 兵五进一　炮 1 平 2

获取均势的关键！如炮 1 退 2 兑炮，红车一平二，车 8 进 5，马三退二，炮 1 平 5，兵五进一，黑马出路不畅，红方残棋稍优。

20. 炮九平八　…………

必走之着！如帅五平六，黑炮 2 进 3，帅六进一，车 8 进 2，马三进五，炮 3 平 5，炮九进一，车 8 退 5，黑车双炮抢先动手，红方大亏。

20.………… 炮 2 平 1　　21. 炮八平九

双方循环不变，由于黑炮 2 平 1 这着并没有叫抽红方任何子力，故不变作和。

总结： 本节所列的半途列炮的变化可谓是"老树发新芽"，在绝大多数开局书中对于半途列炮的变例，演变至第十九回合时都是走炮1退2兑炮，红方残棋稳占上风，而今给大家介绍的炮1平2的更新十分易懂，帮助黑方取得了不变作和的较佳结果，真可谓一剂良药。本节内容丰富，棋迷朋友们如果能反复推敲，必有收获。

黑卒7进1变

1. 炮二平五　马8进7

2. 马二进三　车9平8

3. 车一平二　炮8进4

4. 兵三进一　炮2平5

5. 兵七进一　马2进3

6. 马八进七　车1平2

7. 车九平八　车2进4

8. 炮八平九　车2平8

9. 车八进六　卒7进1（如图）

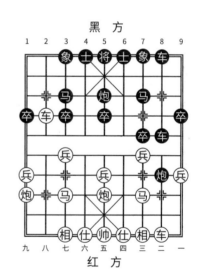

本节给大家介绍卒7进1的走法，置自己的7路马于不顾，是攻击性很强的一路选择。

10. 车八平七　…………

吃兵必然，如求稳兵三进一，黑车8平7，马三进四，炮8进1，红方阵型有点飘，先手荡然无存。

10. …………　卒7进1

弃子是预谋的战术。

11. 车七进一　卒 7 进 1　　12. 车二进二　…………

进车保马是很重要的一步，如马三退五，黑炮 8 平 5，车二进五，马 7 进 8，红方中路被震死，相当困难。

12.…………　前车平 7

平车继续给红方施压，如改走炮 8 平 5，红马三进五！前车进 3，车七进二，车 8 退 3，兵七进一，接下来可以炮九进四再马五进六扑向黑方侧翼，红方占据优势。

13. 炮五退一　卒 7 进 1　　14. 车二平三　…………

车吃兵是简明的走法，曾经出现过炮九平三的变化，黑炮 8 平 1，车二进七，炮 1 平 3，黑方有反扑，红方很难控制局面。

14.…………　车 7 进 3　　15. 炮九平三　炮 8 进 3

16. 车七进二　…………

勇敢吃相，不怕黑进车的牵制，是获取优势的关键！

16.…………　车 8 进 7　　17. 炮三进七　士 6 进 5

18. 车七退二　…………

退车对捉炮抢先，如炮五进一，黑马 7 进 6，下步有车 8 平 7 的攻着。

18.…………　车 8 平 6

如马 7 进 6，红炮五平八，将 5 平 6，车七退二，车 8 平 6，仕六进五，红方明显占优。

19. 炮五平八　…………

解杀还杀。

19.…………　士 5 进 4

如车 6 进 2，红帅五进一，黑方无后续手段。

20. 炮八进八　士 4 进 5　　21. 车七进二　士 5 退 4

22. 炮三平六　…………

后方马士都不顾，前线发力，十分凶狠！

22.·········· 车6平3　　23. 车七退二　将5平4

不能将5进1，红车七进一，红胜。

24. 车七平六　将4平5　　25. 车六平五　马7退5

26. 车五平二

红方得回失子后，黑方只剩光杆司令，败局已定。

　　总结：黑方第九回合卒7进1的选择，在红方精准的打击下还是功亏一篑，所以在高水平的全国大赛当中，就渐渐消失了。本变红方在攻守两端都有精彩的演出，第十九回合的解杀还杀，以及第二十二回合挥炮打士的手段，都是值得大家好好学习的。

中炮两头蛇边马对半途列炮

1. 炮二平五　马8进7　　2. 马二进三　车9平8

3. 车一平二　炮8进4　　4. 兵三进一　炮2平5

5. 兵七进一　马2进3　　6. 马八进九　………（如图）

本节开始给大家介绍红马八进九的选择，是 20 世纪 90 年代兴起的应对半途列炮的攻法，在 2000 年之后的比赛当中，又有了新的内容。

6.………　车1平2

出车捉炮是自然的选择，另有炮8平1 的早期走法，红车二进九，炮1进3，车二平三，马3退5，车三退一，车1平2，炮八进二! 黑马无法投入战斗，对攻之中红方占优。

7. 车九平八　车2进5

进车骑河是黑方出现最多的选择，准备削弱红两头蛇的威力，另有车2进4的变化相对少见，红炮八平七，车2平8，炮七进四，象3进1，炮七平三，

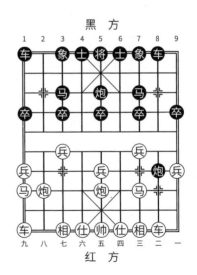

黑　方

红　方

红先得两兵，在物质上占据优势。

8.炮五退一 ··········

退炮是灵活的走法，准备调整自己的阵型，如直接炮八平七，黑车2平3，车八进二，马3退5，下一步可以炮5平3，再车3平7，红方不好开展。

8.·········· 炮8平7

压制红马先手兑车，是采用最多的选择，如冒险车2平3吃兵，红相三进五，车3退1，炮八进二！下步眼看着炮八平七再炮五平七作攻，黑方陷入困境。

9.相三进五 车8进9 10.马三退二 卒5进1

双马屈头，准备从中路盘旋而出，正着！

11.兵九进一 ··········

抢先的常用手段。

11.·········· 车2进1

如车2平1，红炮八平七，马3进5，炮五平九！黑车阵亡。

12.炮八平七 车2进3 13.马九退八 马3进5

14.炮七进四 卒7进1 15.炮五平三 ··········

让炮灵活！如直接兵三进一，黑马5进7，炮五平三，马7进5，黑方子力更加活跃。

15.·········· 卒7进1 16.炮三进三 马7进6

17.马二进四

至此，马炮残局当中红方多一七路兵，稍优。

总结：边马的阵法从实战来看确实是非常稳健的，即便黑方应着俱正，红方也可以在残棋当中稍占上风，此套路比较适合棋艺比较扎实的爱好者所采用。第七回合黑方如果想强求变化，只能选择车2进4少双兵对攻的套路，从高手的对局结果来看，红方也能占据上风。

第十三章

中炮进七兵
对半途列炮进 7 卒

红车八平七变

1. 炮二平五　　马8进7

2. 马二进三　　车9平8

3. 车一平二　　炮8进4

4. 兵七进一　……………

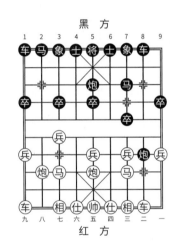

本节介绍红兵七进一的变化，相较于兵三进一的走法，七兵系列显得左刚右柔。

4. ……………　卒7进1

5. 马八进七　　炮2平5（如图）

除了还架中炮形成列炮的格局，还有象3进5的选择，红可能会炮八进七，车1平2，车九平八，炮2进4，马七进六，双方互相牵制。

6. 仕四进五　……………

补仕先防一手，是保留变化的选择，如直接车九平八，黑可能炮8平5，马七进五，车8进9，马三退二，炮5进4，仕四进五，马2进3，局面简化。

6. ……………　马2进3　　7. 车九平八　　车1进1

横车是正着！如随手车1平2，红炮八进四，士4进5马七进六对称型中红方多走一步河口马，黑方明显吃亏。

8. 炮八平九　…………

平炮亮车是采用最多的走法，另有马七进六的变化，黑车1平4，马六进七，车4进5，将来车4平3倒钩，双方互缠。

8.　…………　**车1平4**　　**9. 车八进六**　…………

进车是争取主动的走法，意在攻击黑方相对薄弱的3路马，如直接车八进五，黑卒3进1，车八平七，马3进4，黑马借力弹出，颇有反击。

9.　…………　**车4进5**

以攻制攻！如消极防守走炮8退3，红车二进四，卒3进1，车八退二，车4进3，兵七进一，车4平3，车八平七，红方占便宜。

10. 车八平七　…………

吃兵是难以拒绝的诱惑，我们来看看效果如何。

10.　…………　**马3退5**

以退为进是正着！如车4平3，红车七进一，车3进1，炮九进四，红方大优。

11. 马七进八　…………

导致局面被动的根源，正着是炮五平四调整，黑炮8平5，马七进五，炮5进4，炮四平五，车8进9，马三退二，将来炮九进四发出，双方差不多。

11.　…………　**炮8退3**

黑退炮打车，利用红七路相的弱点开始大做文章。

12. 车七退一　…………

如车七进二，黑炮5平3！炮九平七，炮8退2，红方被迫一车换二，黑方占优。

12.　…………　**炮5平3**　　**13. 炮五平七**　…………

如马八进九，黑象7进5，红车也不保。

13.　…………　**车4平2**　　**14. 马八进九　象7进5**

15. 车七进二　马5进3　　**16. 马九进七　炮8平7**

再兑一车，形成有车对无车的优势。

17. 车二进九 马 7 退 8 18. 相三进五 ………

不敢马七退五，黑车 2 进 1，炮七平六，卒 7 进 1，渡河占优。

18. ……… 马 8 进 7

至此，黑方车马炮明显占优。

> **总结**：黑方一连串困车的手段十分精妙，取得了非常满意的局面。通过实战的演变，红方第十回合顺理成章吃卒一着竟然是陷入被动的根源，令人啧啧称奇。下一节将会给大家介绍红方改进的走法，大家可以先猜猜看，是否和接下来要讲的变化不谋而合。

红马七进八变

1. 炮二平五　马8进7　　2. 马二进三　车9平8

3. 车一平二　炮8进4　　4. 兵七进一　卒7进1

5. 马八进七　炮2平5　　6. 仕四进五　马2进3

7. 车九平八　车1进1　　8. 炮八平九　车1平4

9. 车八进六　车4进5　　10. 马七进八　…………（如图）

谜底揭晓了，本节要给大家讲解的是红方马七进八外翻的走法，棋迷朋友们想到了吗？

10.………… 　车4平2

平车拉马是自然的牵制手段，除此之外另有一路变化值得大家玩味，黑车4平1，红车八平七，马3退5，兵七进一，炮8退3，车七平五（如车七进二，黑炮5平3再炮8退2，计谋得逞）！马7进5，炮五进四，以下红八路马衔枚疾进，黑方无险可守，败局已定。

11. 车八进二　…………

摆脱牵制的正着！大家可能都在猜这

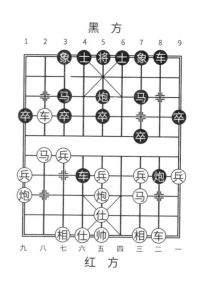

黑 方

红 方

步棋红会走车八平七，那么黑马 3 退 5，马八进九，炮 8 退 3，车七退一，炮 8 平 1，炮九进四，车 8 进 9，马三退二，炮 5 进 4，黑方形势不错。

　11. ⋯⋯⋯⋯ 士 6 进 5　　12. 马八进九　车 2 退 5

　13. 马九进八　炮 5 平 6

换车之后，红即将炮九平七攻黑 3 路马，所以黑卸炮调整，相当及时。

　14. 马八退七　象 7 进 5　　15. 兵九进一　车 8 进 4

进车河口好像没有作用，我们接着往下看。

　16. 兵九进一　⋯⋯⋯⋯

如直接炮九平七，黑炮 8 平 5，车二进五，炮 5 平 3 先弃后取，形势不错。

　16. ⋯⋯⋯⋯ 炮 6 进 1　　17. 炮九平七　⋯⋯⋯⋯

如马七退六，黑马 3 进 4，子力活跃，可以一战。

　17. ⋯⋯⋯⋯ 炮 8 平 5　　18. 马七进五　⋯⋯⋯⋯

如直接车二进五，黑炮 5 平 3，相七进九，马 7 进 8，马七退六，马 8 进 7，黑方形势不差。

　18. ⋯⋯⋯⋯ 象 3 进 5

如车 8 进 5，红马五进三，将 5 平 6，马三退二，黑方吃亏。

　19. 炮七进五　车 8 进 5　　20. 马三退二　马 7 进 6

至此，红方多兵得相稍好，黑方子力活跃，也可以一战。

　总结： 本节所演示的变化，双方攻守俱正，发展下去战线漫长，喜好残棋缠斗的朋友可算是找到发挥的余地了。总地来看，红方进七兵应对半途列炮的阵势，是比较工稳的，左侧想办法有所突破来弥补右侧受封压的损失，应该是主要的战略方向，希望大家在实战当中加以运用，在技战术层面上完成升华。

第十四章

中炮对小列炮

红车二进三兑车变

1. 炮二平五　马 8 进 7

2. 马二进三　车 9 平 8

3. 车一平二　炮 2 平 5

本节开始给大家介绍不走左炮封车的列炮，一般我们称之为"小列炮"，第一步不走马 8 进 7 而直接炮 2 平 5 的应着，我们称之为"大列炮"。

4. 车二进六　…………

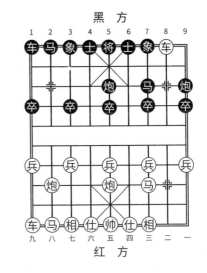

既然黑炮不封车了，红车过河也就顺理成章了，如果选择其他出动左侧子力的走法，黑方就有可能再炮 8 进 4 封过来，重回半途列炮的路子了。

4.…………　炮 8 平 9　　5. 车二进三　…………（如图）

兑车是比较稳健的一路走法，另有车二平三的好战选择，后面会讲到。

5.…………　马 7 退 8　　6. 马八进七　…………

需要指出的是，这步如贪走炮五进四，黑士 4 进 5，炮八平五，马 2 进 3，炮五退一，车 1 平 2，黑车抢先出动，红方虽多中兵，但先手已失。

6.⋯⋯⋯⋯ 马2进3　　7.车九平八　卒3进1

抢进三卒是策略性的走法，同时保留了出直横车的选择，如直接车1平2，虽无不可，但把选择兵三进一、兵七进一、炮八进四的权利交给红方，则显得有点太"大度"了。

8.兵三进一　车1平2

也有车1进1横车的变化，红炮八进六封压，黑方再卒1进1边路出击，有些意趣。

9.炮八进四　炮9平7

平炮牵制红阵，是唯一可行的方案，如选择士4进5，红炮八平三，车2进9，马七退八，残棋黑方白少一兵，明显吃亏。

10.马三进四　炮7进3　　11.马四进五　马3进5

12.炮五进四　士6进5

补士方向有讲究，如士4进5，红相七进五，马8进7，炮五平九，炮7进2，马七退五，炮7退1，马五退七，黑方由于走不到卒7进1活马这一手（红方有炮八平三得车），红方占优。

13.仕六进五　卒7进1　（如图）

精细的次序！如马8进7，红炮五平一，卒7进1，炮一进三，士5退6，相七进五，下一手有炮八平五的手段，红方占优。

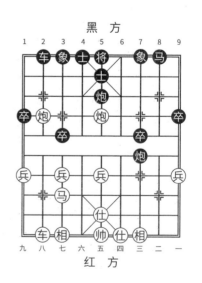

14.炮八平一　车2进9

15.马七退八　马8进7

16.炮一进三　象7进9

17.炮五平二　⋯⋯⋯⋯

简化局面后红虽多兵，但黑马较为活跃，演变下去会如何呢？

17. ……………　将5平6　　18. 炮二进三　将6进1

19. 炮二平七　……………

先得一象扩大物质优势。

19. ……………　马7进6　　20. 相七进五　马6进5

直接踩兵，成算十足！

21. 炮一平五　……………

如马八进六，黑马5退4；又如相五进三，黑马5进4得回失子。

21. ……………　炮5退2　　22. 炮七平五　马5退4

23. 相五进三　将6退1

捉死红炮，双方基本成和。

总结：本节介绍黑方小列炮的开局变化，红方在第五回合选择了车二进三换车，通过实战演变，双方皆可一战，往往会在残棋较量当中分出高下，如果是喜好攻杀的爱好者，可能会在第五回合走车二平三压马，效果如何呢？下一节见分晓。

红车二平三压马变

1. 炮二平五　　马8进7

2. 马二进三　　车9平8

3. 车一平二　　炮2平5

4. 车二进六　　炮8平9

5. 车二平三　　⋯⋯⋯⋯

本节给大家讲的是红车二平三吃兵
的变化。

5. ⋯⋯⋯⋯　　车8进2

6. 炮八进二　　⋯⋯⋯⋯（如图）

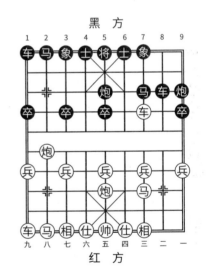

抬炮是吃兵的后续手段，如按寻常走

马八进七，黑炮9退1之后红右侧立马压力增大，不够令人满意。

6. ⋯⋯⋯⋯　　马2进3

正常出动子力，另有炮9退1的变化，红炮八平三，黑炮9平7，车三平四，
马7进8（炮7进4，红兵三进一明显占优），炮三进五，士6进5，车四进二，
红先得一象，明显占优。

7. 马八进九 ⋯⋯⋯⋯

出动边马，避开将来黑车1平2之后车2进6的攻击，精细之着！

7. ⋯⋯⋯⋯　车1平2

也曾有过炮9退1的走法，红炮八平七！马3退5，车九进一，红方先手。

8. 炮八平三　卒3进1

进卒活马是自然之着！如炮5退1，红车三平二，炮5进5，马三进五，车8进1，马三进二抽回一车，红方多子胜定。

9. 车九进一 ⋯⋯⋯⋯

把最后主力投入战斗，次序井然。

9. ⋯⋯⋯⋯　士6进5　　10. 车九平六　车2进3

进车掩护，防止红车六进五两面开花。

11. 兵九进一 ⋯⋯⋯⋯

红马又不能跃出，边兵是何意图呢？

11. ⋯⋯⋯⋯　炮5平4

拆炮，准备将来象7进5再炮4进1打死车。

12. 炮三平八 ⋯⋯⋯⋯

红炮复平到八路，十分精彩！针对黑方2路车的弱点进行打击。

12. ⋯⋯⋯⋯　象7进5

补象是正着，如贪走炮9退1，红炮五平八，车2平3，前炮平五！炮9平7，车三平一，面对红车六进六吃炮和马九进八捉死车的手段，黑方非常棘手。

13. 车三平一 ⋯⋯⋯⋯

吃兵顺手牵羊！又不让黑炮9退1反击，一着两用。

13. ⋯⋯⋯⋯　炮4进1　　14. 车一退二　卒5进1

进卒活通炮路，意图炮4平7攻马。

15. 炮五平八 ⋯⋯⋯⋯

抢先调整。

15.⋯⋯⋯⋯ 车2平3　　16.后炮平七

至此，双方对峙之中，红方多兵稍好。

总结： 从实战的演变结果来看，红车二平三压马之后会形成非常复杂的纠缠局面，双方大都在自己的阵地内排兵布阵，红方不时突出冷箭考验黑方，有望取得多兵的小优势。本篇当中红方炮八平三再炮三平八的构思非常巧妙，内含深意，大家要多看多摆，加深理解，方能化为己用。

第十五章

中炮对单提马

中炮对单提马

1. 炮二平五　马2进3

2. 马二进三　车9进1 （如图）

提起横车，八路底马不动，是单提马
应对中炮的格式，2000年后偶有高手会在
比赛中采用。

3. 车一平二　马8进9

马跳边直接定位，是单提马的选择之
一，另有车9平4过宫的变化，红马八进
七，马8进9，炮八进二，将会和实战走
法相同。

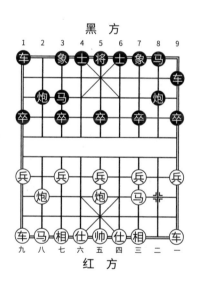

4. 马八进七　车9平4

横车过宫是最主流的选择，意在将来对红方七路马施加压力，另有炮8
平7的变化，红兵七进一，车9平4，车二进四，车4进5，马七进六！炮2
进3，马六进五，炮2平8，马五退四先弃后取，红方占便宜。

5. 炮八进二　··········

巡河炮是大师在2000年之后的比赛当中挖掘出来的一路较好的攻法，另

有兵七进一，炮八平九等老式选择，双方战斗余地较大。

　　5.…………　　卒3进1

　　另有两变都不太理想，分述如下，一变走炮8平6，红炮八平七，象7进5，车二进七，黑方丢子；二变车4进3，红炮八平七，车4平3，车九平八，红方先手。

　　6. 炮八平三　…………

　　平炮打象战术灵活！

　　6.…………　　炮8平7　　　7. 车二进五　…………

　　获取先手的关键走法！如选择车九平八，黑卒7进1，炮三进三，炮2平7，车二进七，炮7平5，车二平三，车4平7，黑方可以抵挡。

　　7.…………　　车4进6

　　捉马是直观的变化，另有卒7进1的选择在实战中也有出现，红车二平三，炮7进3，兵三进一，象7进5，车三平四，红方多兵稍优。

　　8. 车二平七　象3进5

　　如车4平3，红车七进二，黑中路太空，明显吃亏。

　　9. 车七进一　炮7进3　　　10. 兵三进一　车4平3

　　如车1平3，红车九平八，也占优。

　　11. 车七进一

　　至此，红方多兵占优。

　　　总结： 比起主流对抗中炮的开局，单提马由于只有单马守护中卒，往往应对较难，在红方的行棋过程当中，需要注意时刻对黑方中路保持威胁，方能维持先行之利。象棋的开局千变万化，运用和选择更是需要斗智斗勇，偶尔采用单提马的阵法来对付不熟悉此阵的对手，有的时候也能收到奇效。

第十六章

中炮对桥头堡

中炮对桥头堡

1. 炮二平五　马8进7

2. 马二进三　卒7进1

3. 车一平二　炮8进2（如图）

左炮巡河配合七路卒形成封锁，是非常典型的桥头堡阵势，在应对中炮的冷门变化当中，还是有很高的出场概率的。

4. 兵七进一　..........

活跃自己的七路马，是针对性很强的选择，如马八进七，黑可能卒3进1，车二进四，马2进3，兵三进一，卒7进1，车二平三，炮8退3，黑方有些弹性。

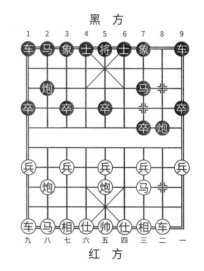

4. ....　马2进3　　5. 马八进七　炮2退1

退炮准备打红车，是桥头堡常用的手段。

6. 车二进一　..........

抬车一步灵巧！如车二进四，黑有炮2平7，红方如误走车九平八，黑卒7进1，兵三进一，炮7平8，车二平一，卒9进1，红车阵亡，此变是桥头堡经典的陷阱，大家需要留意。

6. ·········· 象 3 进 5

7. 马七进六 ··········

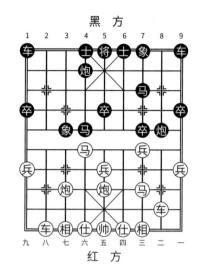

跃马河口，可以看到由于黑车出动缓慢，黑马位置也相对滞后，红方已经扩大了自己的先行之利。

7. ·········· 卒 3 进 1

也出现过炮 2 平 6 的走法，红炮八平七，车 1 平 2，马六进七，炮 6 进 1，车二进三！下步顺利走到兵三进一兑兵，取得先手。

8. 炮八平七 马 3 进 4 9. 兵七进一 象 5 进 3

10. 车九平八 炮 2 平 4 11. 兵三进一 ·········· （如图）

获取优势的关键！如直接走车八进四，黑象 3 退 5，车八平七，车 1 平 2，黑方阵型巩固，红方便宜不大。

11. ·········· 卒 7 进 1

肯定不能炮 4 进 4，红兵三进一，炮 8 退 4，兵三进一（或者车八进四），黑方阵型松散，极难应付。

12. 马六进四 ··········

继续进击！

12. ·········· 马 4 退 6

不能马 7 进 6，红车二进四捉双难应；如炮 4 平 8，红车二平四，黑方也不好应对。

13. 车八进八 ··········

双车发动快攻，选点准确！

13. ·········　车9进1　　14. 马四进二　车9平6

如车9平8，红马二进四！炮4平6，炮五进四，黑方崩溃。

15. 车二平六　炮4平5　　16. 仕六进五　·········

攻不忘守！

16. ·········　卒7进1　　17. 车八平六

下步帅五平六，黑方难以抵挡。

总结：但凡是冷门开局，或是因为有先天不足，难以作为常规武器频频使用；或是缺乏弹性，易为对方所针对。在我们这一节的变化当中，红方第六回合车二进一和第十一回合兵三进一两个节点，就是获取优势的关键，爱好者可以通过对关键棋步的发散理解更好地掌握这一开局的内容，并付诸实战。

第十七章

中炮对龟背炮

中炮对龟背炮

1．炮二平五　马8进7　　2．马二进三　车9进1

3．车一平二　炮8退1（如图）

龟背炮是20世纪六七十年代就已经出现的冷门开局，容易形成子力集结的形态，对于喜欢下中炮的爱好者来说，学习如何应对龟背炮十分重要。

4．马八进七　　⋯⋯⋯⋯⋯

正马出击是选择最多的应法，另有兵三进一的走法，黑炮8平3，马八进九，象3进5，炮八平七，卒3进1，车九平八，车1进2，黑方阵势富有弹性。

4．⋯⋯⋯⋯⋯　炮8平3

5．炮八进二　⋯⋯⋯⋯⋯

当前局面下红方有多种开展的方式，实战巡河炮的走法是目前公认最有效的办法，如炮八平九，黑方始终是卒3进1，车九平八，车1进2的思路，红方的左侧有不小的隐患。

5．⋯⋯⋯⋯⋯　象3进5

补象是自然的应着，如卒3进1，红炮八平三，象3进5，车九平八，车1进2，炮三平九！巡河炮图穷匕首见，黑边车阵亡。

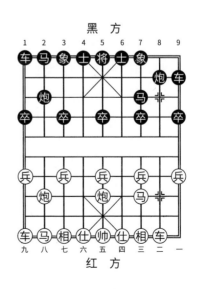

6. 炮八平九 …………

平边亮车是好棋！如选择炮八平一，黑车9平4，车九平八，车4进1，黑方半壁江山阵型牢固。

6. ………… **炮2平1**

兑炮是无奈的走法，如马2进1，红车九平八，卒1进1，炮九平一，闪击得子。

7. 车九平八 …………

抢先亮车，两翼均匀发展，获得了优势。

7. ………… **炮1进3** **8. 兵九进一 卒3进1**

寄希望于给红方一些牵制，如马2进4，红车二进七，炮3进1，兵五进一，卒7进1，车二退一，卒3进1，兵五进一，卒5进1，马七进五，红方出子速度快，占优。

9. 兵五进一 …………

中路突破盘活双马，双直车蓄势待发。

9. ………… **卒3进1** **10. 兵五进一 卒3进1**

稍顽强的选择是卒3平4，红马七进五，卒5进1，马五进四，炮3进1，车二进六，红方也明显占优。

11. 马七进五 卒5进1 **12. 马五进四 车9平7**

13. 车二进七 炮3进1 **14. 马三进五**

红方所有大子都占据要位，黑方明显处于下风。

总结： 通过实战的演变，黑方龟背炮的弱点在于双车出动迟缓，红方巡河炮的阵法很好地攻击到黑方的痛处，使得黑方车1进2的防守路线难以实现，进而取得盘面主动。对于绝大多数爱好者来说，只要掌握了这路巡河炮的攻法，面对龟背炮的布阵总能有便宜可占。

第十八章

中炮对右三步虎

中炮对右三步虎

1. 炮二平五　马 2 进 3　　2. 马二进三　炮 2 平 1 （如图）

右三步虎的开局是本节所要介绍的内容，这个阵势在 20 世纪 90 年代出现得比较多。

3. 车一平二　…………

出车牵制，不让黑方马 8 进 7，另有稳健的选择马八进九，黑可能马 8 进 9，车一平二，车 9 平 8，车九平八，象 3 进 5，炮八平七，士 4 进 5，双方战线漫长。

3. …………　车 1 平 2

4. 马八进七　车 2 进 6

挥车过河，给红方的阵型舒展制造一点障碍，早期出现过炮 8 平 6 的选择，红车九平八，炮 6 进 5，兵五进一！炮 6 平 3，马三进五，炮 3 平 4，兵五进一，红方弃子，有攻势，占优。

5. 车九平八　马 8 进 9

出动左侧子力是正着，如贪走车 2 平 3，红马三退五，炮 8 平 6，炮八退一，黑

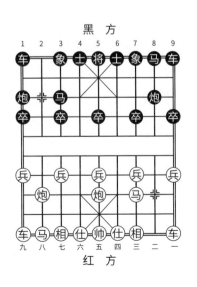

. 269 .

车徒劳无功，反遭暗算。

6. 炮八平九　车 2 进 3

肯定不敢车 2 平 3，红马三退五，车 9 进 1，炮九退一，车 9 平 4，炮九平七，车 3 平 4，炮七进五，红方主动。

7. 马七退八　车 9 平 8

直车出动是稳正的选择，如车 9 进 1，红兵七进一，车 9 平 2，马八进七，车 2 进 3，马七进六，红方先手。

8. 兵七进一　卒 7 进 1

关键的一步，如随手炮 1 进 4，红兵三进一，象 3 进 5，马八进七，炮 1 平 3，马七进九，红方子力活跃，占据优势。

9. 马八进七　…………

如炮九平七，黑象 3 进 5，炮七进四，炮 8 平 7，车二进九，马 9 退 8，马八进七，炮 7 进 4，相三进一，马 8 进 7，双方基本均势。

9.…………　象 3 进 5　　10. 马七进六　炮 8 平 7

11. 车二进九　马 9 退 8

马炮残棋当中红方略占主动。

总结：本节所介绍的右三步虎的走法是一路比较稳健的阵法，较以往传统书籍当中的选择有所不同，黑方并没有急切地针对红方的七路马展开攻击，而是按部就班调动子力，虽然最终的结果稍稍吃亏，但作为后手方也是一路可以选择的变化，双方大概率会在马炮残棋当中一较高低。

第十九章

中炮对鸳鸯炮 7 卒

中炮对鸳鸯炮7卒

1．炮二平五　马2进3　　2．马二进三　卒7进1

3．车一平二　车9进2（如图）

鸳鸯炮7卒是本节要给大家介绍的变化，虽属冷门布阵，但在全国大赛当中还是偶有出现。

4．炮八进二　…………

经过棋手们数十年来对局的钻研，巡河炮是公认较好的攻击鸳鸯7卒的变化，早期的棋手喜欢走炮八平六来阻止黑炮2退1的计划（黑如炮2退1，红炮六进五得子），黑可能会车1平2，红马八进七，炮2平1，兵七进一，马8进7，马七进六，红方略占先手。

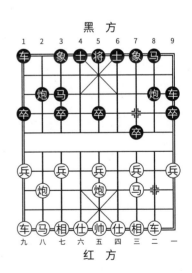

黑　方

红　方

4．…………　卒9进1

必走之着！如随手马8进7，红炮八平一，立取胜局。

5．兵五进一　…………

中路进攻，意图破坏黑炮2退1的计划，是炮八进二之后连贯的手段。

5．…………　马8进7

正马出击是采用最多的选择，如炮2退1，红方可以简明走车二进六，黑炮2平8，车二平三，车1平2，车三进二！黑方尴尬。

6. 兵五进一 ··········

中兵过河，先手攻势已然展开。

6. ·········· 士4进5　7. 兵五平六　马7进6

跃马谋求一些反击并舒展子力，如改走象3进5，红马三进五，卒3进1，马八进七，红方有很大的空间优势，黑方难受。

8. 马八进七　马6进4　9. 马三进五　炮8平5

10. 兵七进一 ··········

兑换掉黑方长途奔袭的马，着法可取。

10. ·········· 马4进5　11. 相七进五　车9平6

12. 兵六进一 ··········

以攻制攻，如炮八退一防黑车6进4，黑方有可能炮2平1亮车，红车九平八，车1平2，接下来有炮1进4的强攻手段，局面有些复杂。

12. ·········· 车6进4　13. 兵六平七　炮5进4

如马3退4忍让，红马五进六，得寸进尺。

14. 马七进五　车6平5　15. 前兵进一　炮2平1

如车5平2简化，红炮八平九，炮2平1，后兵进一，红方双兵渡河，残棋黑方守和有难度。

16. 炮八退三

红方多过河兵，占优。

总结：本节所讲的对付鸳鸯炮7卒的变化是非常实用的新式走法，大家需要留意的是红方控制局面的手段，盘头马过河兵连成一气，获得了稍优的局面。喜欢下鸳鸯炮的棋友需要谨慎了，要做好在红方应着俱正的情况下于下风中求和的思想准备，方可在实战中偶尔尝试，或有奇效。

第二十章

中炮对鸳鸯炮进 3 卒

中炮对鸳鸯炮进3卒

1. 炮二平五　　马2进3
2. 马二进三　　卒3进1
3. 车一平二　　车9进2

鸳鸯炮进三卒的变化在实战当中也有出现，同样是希望有炮2退1再炮2平8打车的机会。

4. 炮八平六　　………（如图）

五六炮是实战当中采用最多的选择，另有马八进九，车二进四等变化，相对来说针对性没有炮八平六强。

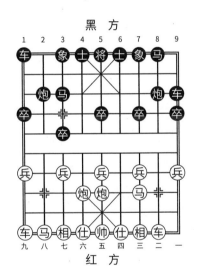

4. ………　　车1进1

还是不能炮2退1，红炮六进五，一击致命。

5. 马八进七　　………

正马加强子力的联系，保留中路突破的可能。

5. ………　　象7进5

飞象是工稳的应着，曾经出现过炮8退1的选择，威胁要车9平8兑车调整阵型，红方可以考虑走炮六进二加以破坏，黑方如车9平8，红炮五进四！黑方崩溃。

6. 车九平八　炮2退1　　7. 炮六进六　炮2进3

8. 炮六退四　炮8退1

准备炮8平2打车，如卒9进1，红方可以车八进四准备兵七进一兑兵，保持先手。

9. 炮六平九　…………

破坏黑炮8平2的打车计划。

9. …………　车1平4　　10. 炮九平四　车9平6

11. 车八进四　…………

至此，黑方左侧马炮拥挤，已经吃亏了。

11. …………　车6进2　　12. 兵三进一　车6平8

13. 车二进五　炮2平8　　14. 兵七进一　…………

虽然黑方通过迂回兑车的方式摆脱了牵制，但是红方活通双马，取得了子力位置上的优势。

14. …………　车4进3　　15. 炮四退一

下步有马三进四的先手，黑方如车4平6，红马七进六也是先手，至此，红方占便宜。

总结：鸳鸯炮3卒的变化在实战当中虽然出现得不多，但是黑方的两个炮剑指红方双直车还是很强的牵制的，通过本节的演绎，红方还是取得了明显先手，五六炮的攻法十分简明，大家可以借鉴一下，运用到自己的对局当中。

第二十一章

实战解析

江苏 徐超 先胜 北京威凯建设 蒋川

五七炮进三兵双弃兵对反宫马进3卒

这是 2017 年玉环杯全国象棋精英赛最后一轮的对决，徐超是当年全国象棋个人赛的冠军，蒋川特大是第一位等级分超过 2700 的顶尖高手，盲棋水平十分了得。

1. 炮二平五　马2进3　　2. 马二进三　炮8平6

3. 车一平二　马8进7　　4. 兵三进一　…………

进三兵对反宫马是红方喜欢的攻着。

4. …………　卒3进1　　5. 马八进九　象7进5

6. 炮八平七　车1平2　　7. 车九平八　炮2进4

8. 兵七进一　…………

双弃兵挑起战端，另有兵五进一、兵九进一、炮七退一等选择，相对来说就稳健许多。

8. …………　卒3进1　　9. 兵三进一　卒7进1

10. 车二进四　卒3平2

蒋川特大没有走炮2平3的选择，走卒3平2，希望避免激烈的对攻，如炮2平3，红车八进九，炮3进3，仕六进五，马3退2，炮五进四，士6进5，炮五退一，对攻激烈。

11. 兵九进一　炮6进4　　12. 车二平八　车2进5

13. 马九进八　炮6平7

重要的一步棋，如直接马3进2，红兵五进一，马2进4，马八进七！马4退3，车八进三，红方出子速度快，明显占优。

14. 马八进七　象5进3

黑也不敢炮7进3，红仕四进五，炮2平3，马七进五，对攻之中，黑车还在家里，肯定杀不过红方。

15. 相三进一　马7进6

蒋特选择了左马盘河的新颖走法，是对以往车9进1变化的一个改进。

16. 马七退五　…………

不能让黑方马6进4，红马舍身取义，非常有意思。

16. …………　士6进5

坏棋！这是导致最后失利的根源，有趣的是，在2017年全国象棋个人赛半决赛的比赛中，双方又就此局面进行了一次较量，黑改走车9进2，红兵五进一，炮2平3，炮七进三，马3进4，车八进六，车9平5，犬牙交错，优劣难分。

17. 炮七进五　卒5进1　　18. 炮五进三　…………

简明的走法！如兵五进一，黑卒5进1，车八进三，卒5进1！吃回一子后黑方可以一战。

18. …………　象3退5　　19. 兵五进一　炮2平3

20. 车八进六　…………

由于黑车投入战斗太慢，红车双炮可以非常自由地穿梭在黑方空虚的右侧，制造杀机。

20. …………　卒7进1

21. 炮七平八　…………

如相一进三，黑车9平7，相七进五（相三退五，黑炮7平8，有反击），炮 7 平 6，红方反受攻。

21.……… 车 9 平 7   22.车八平七   炮 3 平 4

23.炮八进二 ………

天地炮的攻势，黑方已经输定。

23.……… 车 7 进 3   24.车七进三   车 7 平 2

25.炮八平九   炮 4 退 1   26.仕四进五   ………

前线攻势已成气候，补仕意欲何为呢？

26.……… 马 6 进 8   27.相一进三   马 8 进 7

28.车七退六   车 2 退 3   29.车七平三   马 7 进 9

如车 2 平 1，红车三退一，车 1 平 2，相三退五，将 5 平 6，车三平四，将 6 平 5，帅五平四（补仕的作用体现出来了，红方胜）。

30.相三退一   将 5 平 6   31.车三平四   将 6 平 5

32.车四退一 ………

如直接帅五平四，黑马 9 退 7，帅四进一，马 7 退 6，多生枝节。

32.……… 炮 4 退 2   33.炮五进一

下步帅五平四，绝杀，红方胜。

上海金外滩 赵玮　先胜　江苏 王斌

顺炮两头蛇对双横车

这是 2012 年全国象棋个人锦标赛中的一场对决，笔者执红棋对战来自江苏的特级大师王斌，双方在顺炮的开局当中进行了一番较量。

1. 炮八平五 ··········

在实战当中用反向的中炮是一种战术手段，希望给对方制造行棋的不协调感。

1. ·········· 炮 2 平 5

来自江苏的王特大选择了顺炮的变化。

2. 马八进七　马 2 进 3　　3. 车九平八　车 1 进 1

4. 马二进三　车 1 平 6　　5. 兵三进一　马 8 进 7

6. 兵七进一　车 9 进 1

双方输攻墨守，形成了两头蛇对双横车的经典阵势。

7. 马七进六 ··········

跃马是之前章节当中给大家介绍到的比较尖锐的选择，临场下出这步棋，笔者也是信心十足。

7. ·········· 车 6 进 7　　**8. 炮二进二　卒 7 进 1**

放兵是预谋的着数，如车 9 平 4，红仕六进五，下一步炮五平六打车调整阵型，黑马疲软，明显下风。

9. 兵三进一　车9平4

10. 马六进七　车4进3

进车捉兵对攻，另有车4进2的选择，大家可以在顺炮的章节当中查阅复习。

11. 兵三进一　马7退5

12. 炮二平五　车4平7

13. 车一平二　炮8平6

14. 车二进八　…………

以上走法都是在本书顺炮章节中给大

家讲解过的变化，黑方不敢车7进3，因为红车二平四之后具有很强的威胁。

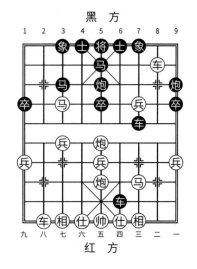

14. …………　炮6平9（如图）

王特大经过长考，选择了开边炮的变化，意图阻止红方车二平四的手段，但实战效果也不理想。

15. 车八进八　…………

点车下二路是非常积极的选择，继续弃子，如改走马三进二，黑炮9进4，侧翼有极强的反击，红有顾忌。

15. …………　炮5进3

打炮必然，如果走车7进3，红车八平六，车7进2，仕六进五，车7退6，车二平四！黑方崩溃。

16. 炮五进二　车7退1　　17. 车八平六　车6退6

回车防守，阻止红马七进五的杀着。

18. 马三进二　车7平6

19. 仕六进五　炮9进4

20. 帅五平六　…………

对攻之中，黑方双马难以投入战斗，败局已定。

20.·········· 炮9进3   21.**帅六进一** ··········

上帅老练！避开黑车6进6，仕五退四，车6进7，帅六进一，车6平4抽回一车的手段。

21.·········· 前车进5

黑方已无法防守，如卒5进1，红马七退五，马3进5，车六进一，红方胜。

22.车二退二　卒5进1

无奈，否则红车二平五，虎口拔牙。

23.车二平六

铁门闩绝杀，红方胜。

上海金外滩 赵玮　先胜　厦门文广体育 陈泓盛

中炮直车七路马对屏风马双炮过河

这是 2018 年全国象棋甲级联赛上海对厦门比赛中的一盘对局，黑方陈泓盛大师在当年的全国象棋个人赛上获得亚军，是国内风头正劲的年轻大师。

1．炮二平五　马 8 进 7　　2．马二进三　车 9 平 8

3．车一平二　马 2 进 3　　4．兵七进一　卒 7 进 1

5．马八进七　炮 2 进 4　　6．兵五进一　炮 8 进 4

双方形成了直车七路马对屏风马双炮过河的开局。

7．车九进一　…………

由于上海队在当时的积分榜中位列中游，所以笔者力求有所进取，选择了车九进一的变化。

7．…………　炮 2 平 3

8．相七进九　车 1 平 2

9．车九平六　炮 3 平 6

陈大师选择了他比较喜欢的炮 3 平 6 变化，在笔者当时的准备之中。

10．车六进六　象 3 进 5

如果黑炮 6 进 1，红方有可能选择马七进六的变化来考验黑方，在前面开局的部分，有比较详尽的讲解。

11. 兵五进一 卒5进1

吃卒接受挑战，是正常的变化，赛后陈大师也提到了炮6退4，红兵五进一弃车的变化，他没有这么选择。

12. 车六平七 炮6进1 13. 马七进六 炮6平2

14. 马六进七 士6进5

次序上的失误，导致局面被动，即使是大师，在实战当中也很容易上当。正着是选择车2进6，红有马七进五和马七退五两路变化，双方皆有棋可下。

15. 炮五进五 …………

挥炮打象，取得了优势。

15. ………… 将5平6（如图）

冷静的应着，给红方继续扩大先手提出了考验，如象7进5，红马七进五，黑方难以抵挡。

16. 车二进一 …………

抬车助攻是既定的方案，也可以选择炮五平四再撤回，似乎更加稳健。

16. ………… 车2进6

进车攻守兼备，局面又复杂起来。

17. 马七退五 …………

冷静的选择！这里笔者花了很多时间思考，由于直接车二平四，黑车2平6换车之后红不是太满意，所以最后灵光一闪，看到了马踩中兵继续弃子的好棋！

17. ………… 炮2平6

无奈的选择，如象7进5，车二平四，将6平5，车七平五，马7进5，车五退一，得回失子后红方多双象，黑方也是非常困难。

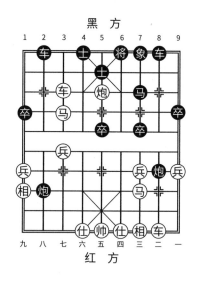

18．炮五平四　·········

准备撤回红炮，如改走车二平四，黑炮 6 退 5，车七退一，炮 8 退 4 兑换，黑方抵抗余地较大。

18．········　炮 6 退 4　　19．车七退一　车 8 进 3

20．炮四平七　·········

几经腾挪，红方找到了平炮的攻击线路，黑方已难以防守了。

20．········　炮 6 平 5　　21．相三进五　炮 8 退 2

退炮无奈，如车 2 平 6，红车七平五！车 8 平 5，炮七进二，将 6 进 1，马五退四，炮 8 平 6（车 5 进 4，红马四退五得子），车二进七，将 6 进 1，相九退七，红方大优。

22．车二平四　马 7 进 6　　23．炮七进二　将 6 进 1

24．相九退七　·········

攻不忘守，老练的走法。

24．········　车 2 平 7

吃兵虽属漏着，但即便改走车 2 退 2，红可以兵七进一化解。

25．炮七平三　车 8 平 7　　26．车七平五　·········

弃车是获胜的妙着！

26．········　后车平 5

如车 7 退 3，红车五平四，士 5 进 6，马五进四，黑方崩盘。

27．炮三退六　车 5 进 1

28．车四进三　·········

简化局面后，红方多双相，优势明显。

28．········　炮 8 退 2

29．马三进五　·········　（如图）

兑子是简明的走法，另有炮三平四的走

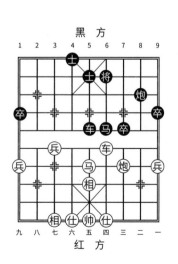

黑　方

红　方

法更为巧妙,黑炮8平6,红马三进二!将6退1,马二进三,车5平4,马三进二,将6平5,马二退四,士5进6,炮四进二,红方得子胜定。

29. ………… 车5进2　　30. 车四进一　炮8平6

31. 炮三平四　车5平1　　32. 兵七进一　…………

车炮兵成势,棋局已没有悬念。

32. ………… 卒7进1　　33. 车四进一　卒9进1

34. 炮四进二　车1平6　　35. 兵七平六　卒7平8

36. 兵六平五　卒8进1　　37. 兵五进一　卒8平9

38. 兵五进一　车6退2　　39. 车四退一　后卒进1

40. 车四退一

黑卒被各个击破,红方胜。

上海金外滩 赵玮　先胜　广西 黄仕清

五六炮对反宫马

这是 2014 年全国象棋个人赛上的对局，黑方黄仕清大师是广西老牌大师，早在 20 世纪 80 年代就在职业赛场拼杀，战功赫赫。

1. 炮二平五　马 2 进 3　　2. 马二进三　炮 8 平 6

黄大师比赛经验丰富，选择了战线较长的反宫马开局，意在避开年轻棋手较为擅长的套路，在漫长的中后盘进行较量。

**3. 车一平二　马 8 进 7　　4. 炮八平六　**············

经过短暂的思考，笔者还是选择了比较工稳的五六炮的变化，意图避免和黄大师进行厮杀。

4.············　**车 1 平 2　　5. 马八进七　炮 2 平 1**

此着黄大师回归了主流套路，在 2012 年的象甲联赛当中，黄大师曾选择卒 3 进 1 的阵法迎战浙江队特级大师赵鑫鑫，并取得胜定，当时红车九平八，黑卒 7 进 1，车八进四，象 7 进 5，车二进六，开局红方先手。

6. 兵七进一　卒 7 进 1

7. 马七进六　士 6 进 5

**8. 车二进六　**············

双方着法俱正，笔者挥车过河，亦想有所斩获。

8.………… 车 9 平 8

黄大师的风格是不愿意象 7 进 5，再车 9 平 7 防守的，此着兑车导致对攻局面。

9. 车二平三　炮 6 退 1

10. 马六进七　车 2 进 3

不能炮 6 平 7，红马七进九获得先手，在反宫马开局章节当中有过详细描述，这里不再赘述。

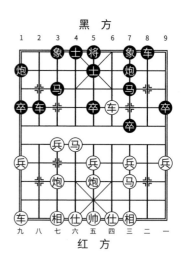

11. 炮六平七　炮 6 平 7

12. 车三平四　炮 1 退 1

黄大师临场应变，走出了炮 1 退 1 的新着，但实战效果也不理想，另有车 8 进 5 和马 7 进 8 的应对，棋迷朋友们可以在本书前面的部分找到答案。

13. 马七退六　………（如图）

回马金枪是夺取主动的关键！这个棋黑方 3 路的马象受牵是红方进取的唯一线路！如缓走车九进二，黑炮 1 平 3，车九平八，炮 3 进 2！红方失利。

13.………… 车 8 进 5

如车 2 退 1，红兵七进一渡河，黑方无法忍受。

14. 兵三进一　车 8 平 7　　15. 马三进四　………

拍马而出，黑方 3 路线问题难以解决。

15.………… 车 2 平 4　　16. 马六进五　象 7 进 5

如马 7 进 5，红炮五进四，象 7 进 5，炮七进五，红方也多子获优。

17. 炮七进五　马 7 进 5　　18. 炮五进四　………

炮打马是正着！如车四平五，黑车 4 退 1 捉双得回一子，红方得不偿失。

18.………… 车 7 平 6

一车换双不是好棋，但改走车 4 进 2 也不行，红炮五退二轻易化解。

19. 车四退二　炮 7 进 8　　20. 仕四进五　车 4 平 5

21. 车九进二　‥‥‥‥‥

左车一旦投入战斗，黑方少车就难以坚持了。

21. ‥‥‥‥‥　车 5 平 8　　22. 车四退二　‥‥‥‥‥

准备车四平二兑车。

22. ‥‥‥‥‥　车 8 平 3

如车 8 进 6，红车四平二，车 8 平 9，车二平一，车 9 平 8，车九平二兑
死黑车，胜定。

23. 炮七平八　车 3 平 2　　24. 车九平八　炮 1 平 3

25. 相七进九　车 2 平 5　　26. 炮八进二　炮 7 退 3（如图）

如车 5 进 3，红车八进六，炮 3 进 2，车四进六，炮 3 平 5，帅五平四，
下步车八平五大胆穿心，绝杀。

27. 车八进六　车 5 平 3

28. 车四进一　炮 7 退 1

29. 兵五进一　炮 7 平 8

30. 兵五进一　象 5 退 7

31. 炮八平九　炮 8 退 4

32. 车八进一　象 7 进 5

33. 车四平五　士 5 进 4

34. 车八退二

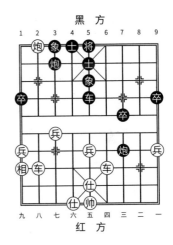

黑士象不保，投子认负，红方胜。

上海金外滩 孙勇征　先胜　山东 谢岿

五九炮过河车对屏风马平炮兑车

这是 2018 年全国象棋甲级联赛上海对山东比赛当中的一盘精彩对局，红方孙勇征特大是 2011 年全国象棋个人赛的冠军，身兼上海女队和少年队的教练；黑方山东的谢岿大师是山东象棋队的主教练，培养出了亚洲少年冠军李翰林等优秀棋手。

1. 炮二平五　马 8 进 7　　2. 马二进三　车 9 平 8

3. 车一平二　卒 7 进 1

抢进七兵是策略性的下法，避开了三兵的体系。

4. 车二进六　马 2 进 3　　5. 兵七进一　…………

红方还原成了过河车进七兵的变化，除此也可以选择兵五进一牛头滚的阵势。

5.…………　炮 8 平 9　　6. 车二平三　炮 9 退 1

7. 马八进七　士 4 进 5　　8. 炮八平九　车 1 平 2

9. 车九平八　炮 9 平 7　　10. 车三平四　马 7 进 8

11. 车四进二　…………

至此形成五九炮对屏风马平炮兑车的变化，红车四进二捉炮，率先挑起争端。

11. ·········· 炮 7 进 5

12. 相三进一 炮 2 进 4

13. 马七进六 马 8 退 7

14. 仕四进五 车 8 进 6

15. 兵五进一 炮 7 平 3

16. 兵五进一 卒 5 进 1

17. 车四退一 象 3 进 5

18. 车四平三 炮 3 平 7

19. 炮五进五 象 7 进 5

20. 车三平五 炮 2 平 5

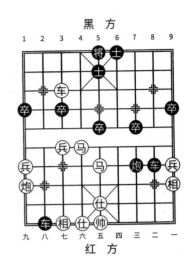

21. 马三进五 车 2 进 9　　22. 车五平七 ··········（如图）

双方依谱而行，下得非常准确。

22. ·········· 车 2 退 2

退车必然，如卒 5 进 1，红炮九平五即可获胜。

23. 马六进七 卒 5 进 1

进卒是坏棋，陷入了红方精心准备的开局陷阱之中，正着是炮 7 平 9，红马五退三，车 2 平 7，炮九平五，车 8 进 3，仕五退四，车 7 平 5，相七进五，炮 9 平 3，双方基本均势。

24. 炮九进四 ··········

红方紧握战机，发炮弃子抢攻。

24. ·········· 车 2 退 4

无奈，如卒 5 进 1，红马七退五，车 2 平 9，炮九平五，士 5 退 4，炮五退三，抽车胜定。

25. 炮九退一 车 2 进 1

顽强一点应该走车 2 平 3，红车七退 1，卒 5 进 1，虽少双象，但还有下风中抵挡求和的机会。

26．车七进二　士 5 退 4

27．炮九进四　…………

黑车位置不佳，又给了红方马七进九再车七平六的进攻路线，已经很难防守了。

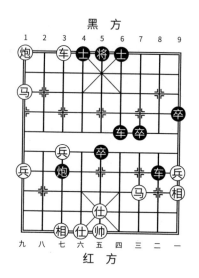

27．………　车 2 平 6

28．马五退三　…………

攻不忘守，在高手的对局当中，经常有这种大家容易忽略的防守走法，并不是怂，而是为了解除后顾之忧，让前线的将士安心攻城拔寨，值得棋迷朋友们学习。

28．………　炮 7 平 3　　29．马七进九　…………（如图）

后防安排妥当，红方开始了进攻之旅，弃车做杀，十分精彩！

29．………　将 5 进 1

不能炮 3 退 6，红马九进七，将 5 进 1，炮九退一，绝杀！

30．车七平六　将 5 平 6　　31．炮九退一　炮 3 平 5

32．仕五退四　…………

落仕解杀机警，如相七进五，黑车 8 进 3！马三退二，车 6 进 5，黑方偷袭成功。

32．………　车 6 进 3

33．车六退一　…………

黑方来势汹汹，局面剑拔弩张，红方如何利用前线车马炮的攻势捷足先登呢？大家可以一起来欣赏下孙特大的攻杀技巧。

33．………　将 6 进 1

不能上仕，红方最简单可以车六退六抽车，如追求速杀，车六平五也是很不错的选择，黑将 6 退 1，车五平三做杀，黑方也无法防守了。

34. 车六退一　将 6 退 1　　35. 车六进一　将 6 进 1

36. 马九进七　…………

在比赛当中，通过允许的重复走法凑些时间是很不错的技巧，红方现在马九进七做杀，黑方已无法抵挡了。

36. …………　士 6 进 5　　37. 马七退六　将 6 退 1

38. 车六平五　将 6 退 1　　39. 车五平六　卒 5 平 4

只能如此，红方有车六进一，将 6 进 1，马六进七，将 6 进 1，车六平四的杀着。

40. 车六进一　将 6 进 1　　41. 车六平五　…………

如马六进七，黑方可以炮 5 退 5 解救。

41. …………　车 6 平 5　　42. 仕六进五　车 5 平 7

43. 相七进五

至此，黑方认负，因为如车 7 平 5，红车五退四绝杀，红方胜。

上海金外滩 孙勇征　先胜　江苏 徐天红

五七炮进三兵对屏风马进3卒黑马踩边兵

这是 2012 年碧桂园杯全国象棋冠军赛中的精彩对局，黑方徐天红特级大师是江苏第一个世界冠军，江苏棋院副院长。这盘棋，双方大斗流行布局。

1. 炮二平五　马 8 进 7　　2. 马二进三　车 9 平 8

3. 车一平二　马 2 进 3　　4. 兵三进一　卒 3 进 1

5. 马八进九　卒 1 进 1　　6. 炮八平七　马 3 进 2

7. 车九进一　马 2 进 1

因为行政事务的原因，徐特大久疏战阵，但在分路选择的时候却是一点不软，踩边兵把局势带入复杂。

8. 炮七退一　车 1 进 3　　9. 车九平八　炮 2 平 4

随着开局理论的发展，现代棋在当前局面更愿意选择直接卒 1 进 1 的变化，以下红车二进五，黑方再炮 2 平 4，可以避开实战当中红方的进攻套路。

10. 车八进二　卒 1 进 1　　11. 兵七进一　卒 1 平 2

12. 车八平六　…………

孙式飞刀！改进了以往车八进一的走法，制造了很多进攻路线。

12. …………　马 1 退 3

另有卒 2 平 3，卒 3 进 1 两路变化，在本书前面的部分有讲到。

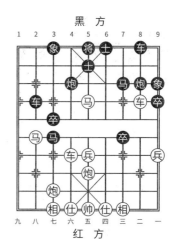

黑 方

红 方

13. 车二进五　卒 7 进 1

14. 车二退一　象 7 进 9

15. 马三进四　士 4 进 5

16. 车二进二　卒 7 进 1

17. 马九进八　车 1 平 2

18. 马四进五　………（如图）

红方攻着犀利，直指黑方中路，至此和我们开局的讲解变化如出一辙，黑方已经有点危险了。

18. …………　马 7 进 5

19. 车二平五　车 2 进 2

20. 车六进四　炮 8 平 5

在之前的应对当中，黑方花费了大量的时间，顶到这里实属不易，此着还架中炮防止红车五平二的牵制，也是相对顽强的一路走法，如担心双象的问题走象 9 退 7，红车五平七，象 3 进 5，车六进一，车 2 退 5，车七平二拉住车炮，黑方有丢子的危险。

21. 车六进一　象 9 进 7

如象 9 退 7，担心红炮七平三的攻击，威胁要车五平二，黑方如卒 7 平 6，红车五平三，黑方就没法防守了。

22. 车五平七　象 3 进 1

可以直接走车 2 退 5，红车七退一，马 3 进 5，车七平三，红方虽仍占优，黑方略好于实战。

23. 车七进一　炮 5 进 5

24. 车七平九　车 2 退 5

25. 相七进五　马 3 退 5

还是应该走马 3 进 5，红车九平三，车 8 进 4，红方没有兵助攻，黑方还有守和的可能。

26. 兵五进一　马 5 退 6

27. 车六退三　··········

至此，红方中兵又可以渡河助战，黑方很困难了。

27. ··········　车 8 进 6

28. 兵五进一　车 2 平 4

29. 车六平七　车 8 平 4

30. 仕四进五　卒 7 进 1

黑方眼见防守无望，索性下卒对攻，但速度不及红方。

31. 兵五进一　前车平 6

防住红兵五平四的线路。

32. 炮七进三　车 6 退 1

再守住红炮七平二的线路。

33. 车九退四　卒 7 进 1 （如图）

如车 6 进 1 兑车，红车九平四，卒 7 平 6，兵五平四，马 6 进 4，车七平六，下步有炮七平五和炮七平六的双重手段，黑方无力抵挡。

34. 炮七平九　··········

精彩闪击！

34. ··········　车 4 平 1　　35. 炮九平五

以下，黑方只能车 1 平 4，红车九进一，下一步眼看着兵五平四无法阻挡，红方胜。

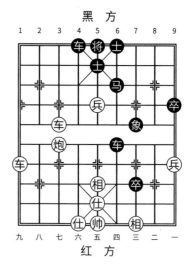

图为 33 步"卒 7 进 1"后

浙江 于幼华 先胜 上海金外滩 万春林

五七炮进三兵对屏风马进3卒黑大开车

这一盘精彩的对局发生在 2006 年的岁末，红方于幼华特级大师号称"拼命三郎"，在2002年取得了全国象棋个人赛的冠军，搏杀能力在全国首屈一指；"沪上姜维"万春林特级大师从20世纪90年代初期声名鹊起，长期是棋坛豪门上海队的主力。两位在"波尔轴承杯"全国象棋大奖赛的淘汰赛狭路相逢，真是一场龙争虎斗。

1. 炮二平五　马8进7　　2. 马二进三　车9平8

3. 兵三进一　卒3进1　　4. 车一平二　马2进3

5. 马八进九　卒1进1　　6. 炮八平七　马3进2

7. 车九进一　卒1进1

在当年的三兵开局体系当中，大开车是最常见的选择，现代的棋手则更倾向于马2进1和象3进5这种富有对攻性的应对。

8. 兵九进一　车1进5

9. 车二进四　象7进5

10. 车九平四　…………

挥车过宫还原成常见的套路，如果走车九平六，黑方有炮2平1的应着，车六进七，士6进5，另具攻守之道。

10.·········· 车 1 平 4 　　11. 车四进三 ··········

现代的棋手也会有马三进四的选择，黑方有士 4 进 5 和士 6 进 5 两变，都具备对抗之利。

11.·········· 车 4 进 1 　　12. 仕六进五 ··········

在遥远的 2006 年，于特大的这着仕六进五可谓是划时代的创新！时至今日，依然是此开局变例当中对付大开车的利器。

12.·········· 马 2 进 3 　　13. 车四平八 马 3 进 1

在本书前面我们也提到过黑方炮 2 平 4 的选择，并不令人满意。

14. 相七进九 炮 2 平 4 　　15. 马三进四 车 4 平 5

吃中兵立险地，也是无可奈何的走法，如车 4 退 3，红马四进三踩兵，红方空间优势太大，黑方也只能被动挨打。

16. 炮七进七 ··········（如图）

于特大开始弃子的表演，很符合"拼命三郎"的特点。

16.·········· 象 5 退 3 　　17. 车二退一 炮 4 平 5

18. 车二平五 炮 5 进 4 　　19. 车八平五 炮 8 进 3

20. 车五退一 炮 8 平 6

21. 车五进三 士 4 进 5

22. 车五平七 ··········

和本书前面开局部分的介绍一样，当红方亮出了车五平七的飞刀，对面的万春林特大肯定是心里一惊。常规操作是红方车五平三，黑炮 6 平 5，车三进一，车 8 进 6，和望甚大。

22.·········· 士 5 进 4

23. 车七进三 将 5 进 1

24. 车七退四 ··········

此手吃兵却不是最佳的应着，走车七退

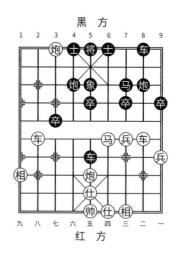

黑　方

红　方

一更好，黑将5退1，车七平四，下着车四退一，黑方会非常痛苦。

24.………… 车8进6（如图）

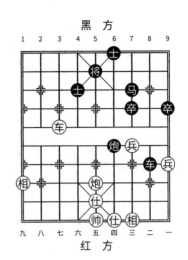

面临新着花费了很多时间，万特也是在压力下不够顽强，应改走车8进5，红如相三进一，再车8进1，将来车8平9之后有车9进1吃象的先手，周旋余地极大。

25.车七进三　将5退1

26.车七平三　卒7进1

不愿车8退4苦守，因为红车三平四再车四退二吃卒，车炮兵组合也是非常厉害的，黑方毫无反击之力。

27.车三退一　…………

如兵三进一，黑炮6平7倒勾，会增加红方掌握优势的难度。

27.………… 卒7进1　28.车三退三　炮6退1

29.兵一进一　…………

至此，黑方要保边兵则要丢士，要保士则要失兵，缺一则无力守和。

29.………… 车8平4　30.车三进一　炮6退3

31.车三进三　炮6进1　32.车三退一　炮6退1

33.车三进一　炮6进1　34.车三退一　炮6退1

通过连续捉炮凑时间，是加秒制比赛当中常用的手段。

35.车三平五　士4退5

如将5平4，红车五平四先手破士，也是胜定。

36.车五平一　将5平4　　37.炮五平六　将4平5

38.车一退一　…………

至此，红方物质力量雄厚，黑方再无抵挡之力。

38.………… 士5进6　　39.车一平五　士6进5

40.兵一进一　炮6平7　　41.兵一进一　炮7进5

42.兵一平二　炮7平5　　43.帅五平六　炮5平9

44.兵二进一　炮9退2　　45.帅六平五　炮9平4

46.炮六平五　炮4退2　　47.兵二平三　将5平4

不能吃兵，车五平三抽炮。

48.车五进一　车4平7　　49.仕五进四　炮4进4

还是不能吃兵，炮五平六，将4平5，车五平六得炮。

50.炮五平六　炮4平5　　51.车五平六　将4平5

52.车六退四

红方胜。

上海金外滩 谢靖　先胜　开滦 张江

中炮对小列炮

这是 2013 年象甲联赛上海和开滦煤矿对决当中的一盘精彩对局，红方谢靖特级大师是中象"第一高人"，上海男队的教练，在当年的全国象棋个人赛上获得冠军；黑方张江大师是河北的高手，棋艺功底非常扎实。

1. 炮二平五　…………

和老牌大师选择中炮的开局，小谢特大还是立足于战斗。

1.…………　马 8 进 7　　**2. 马二进三**　车 9 平 8

3. 车一平二　炮 2 平 5

黑方选择了小列炮这个相对冷门的开局，也是为了避开红方针对主流开局的准备。

4. 兵三进一　…………

进三兵希望还原成自己熟悉的变化，如车二进六，黑炮 8 平 9，则会转变成另外一路开局体系。

4.…………　马 2 进 3

5. 马八进九　炮 8 进 4

进炮封车还原成了半途列炮的变化，另有车 1 平 2 的走法，红车九平八，车 2 进 5，车二进四，炮 8 平 9，炮八平七,四车相对,红方略占主动。

6. 兵七进一　车1平2

7. 车九平八　车2进4

实战张江大师选择了巡河车的走法，
另有车2进5的变化更为常见，红方可能
会炮五退一，大家可以翻阅之前开局讲解
的部分。

8. 炮八平七　车2平8

9. 炮七进四　象3进1

10. 炮七平三　⋯⋯⋯⋯

红方应着非常简明实惠，吃掉黑方两
个兵之后，黑方的形势已非常沉重。

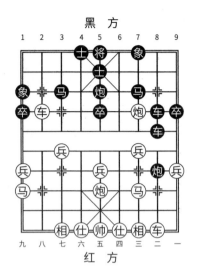

10.⋯⋯⋯⋯　士6进5　　11. 车八进六　后车进3（如图）

由于物质上少兵落后，寻常的着法肯定会导致局面每况愈下，所以黑方
铤而走险，进车捉炮再弃象，意图搅乱局面。

12. 炮三进三　炮8平7　　13. 车二平一　⋯⋯⋯⋯

避让是正着，如车二进五，黑炮7进3，仕四进五，车8进1，黑方有反击。

13.⋯⋯⋯⋯　马3进4　　14. 车八进一　⋯⋯⋯⋯

牵制黑马的活动，是获取优势的关键，如兵七进一，黑马4进6，红方无
所适从。

14.⋯⋯⋯⋯　马4进6

跃马抢速度，如炮5平4避让，红兵三进一抢先动手，黑方也难堪。

15. 兵三进一　前车进4

16. 兵三进一　⋯⋯⋯⋯

双方对攻激烈，红弃兵延缓黑进攻速度，好棋！

16.⋯⋯⋯⋯　后车退3

如马6退7，红炮三退三，即可大优。

17.兵三进一　后车平 7

18.车八平五　…………

经过仔细的计算，红车八平五吃炮，信心十足。

18.…………　车 7 平 6

如马 6 进 7，红炮五进四发出，大占优势。

19.仕六进五　马 6 进 7

20.车五平九　…………（如图）

吃象似乎有些大胆，却是非常精彩的走法，不怕黑方捉死车吗？

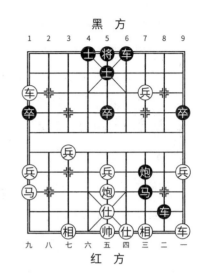

20.…………　车 8 平 9　　21.炮五平八　…………

闪炮正确！如炮五进四，黑士 5 进 4，红方丢车。

21.…………　士 5 进 4

22.炮八进七　士 4 进 5

23.炮八平四　车 9 进 1

吃车无奈，如士 5 退 6，红车九进二，将 5 进 1，相七进五，车 9 进 1，车九平四，红车兵入门，黑方难以抵挡。

24.车九进二　士 5 退 4　　25.相七进五　车 9 退 1

26.兵三平四　车 9 平 6　　27.炮四平三　…………

巧妙，让黑方马炮无从发力。

27.…………　炮 7 平 8

28.炮三平六　车 6 退 6

如炮 8 进 3，红兵四进一，车 6 平 5，帅五平六，红方抢杀在先。

29.炮六平八　将 5 进 1

避开红炮八退七抽马。

30. 车九退一　将5退1　　31. 车九进一　将5进1

32. 车九退一　将5退1　　33. 车九进一　将5进1

34. 车九退三　炮8进3　　35. 车九平五　将5平6

36. 炮八退八　…………

退炮化解了黑方车6进6和马7进6的攻击手段，胜券在握。

36. …………　车6进4　　37. 马九进七　炮8退3

即便走车6平5，红马七进五投入战斗也是胜定。

38. 马七进五　车6平5

如炮8平5，红车五平四兑车胜定。

39. 马五进三　炮8平1　　40. 马三进二

以下黑将6退1，红车五平三得马胜定，红方胜。

浙江　蔡伟林　先胜　江苏　徐乃基

中炮对小列炮

这是20世纪70年代的一盘佳构，红方蔡伟林大师是第一批国际级裁判，高级教练，大家所熟知的特级大师于幼华就出自于蔡老师的门下；徐乃基是江苏的名手，多次参加全国赛，成绩稳定。

1.炮二平五　马8进7　　2.马二进三　车9平8

3.车一平二　炮2平5

在那个年代的对局当中，列炮还是占了非常大的比重，黑方选择此阵的目的，是打乱红方赛前的部署。

4.车二进六　…………

挥车过河急攻，很符合蔡大师的胃口。

4.…………　炮8平9

5.车二平三　车8进2

6.炮八进二　…………

抬炮巡河，盘面准时硝烟弥漫。

6.…………　马2进3

7.马八进九　…………（如图）

先跳边马定位过早，在如今的对局当中，

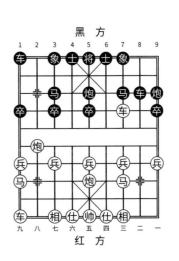

更多的选择是先炮八平三牵制，待黑车1平2定位后再考虑马八进九使黑车失去方向。

7.………… 炮9退1

眼看着红炮不予打击，黑方于是退炮准备平7打车阻止反击。

8.车九进一 …………

寻常的变化是炮八平三，黑炮9平7，车三平四，炮7进4，兵三进一，车8进4，双方互有所得。

8.………… 车1平2 9.炮八平七 …………

考虑到平三之后换炮的变化并无收获，红方改变计划平七射马，在实战当中收到奇效。

9.………… 马3退5

窝心马想要给红车设置"弹簧"，另有车2进2的变化可以抗衡，红方如车九平四，黑卒3进1，炮七平三，炮9平7，车三平四，炮7进4，兵三进一，双方可战。

10.车九平四 炮9平7

打车的诱惑太大，仍然应该走卒3进1，然后炮9平7打车，则问题不大。

11.车三平四 炮5进4

打兵抽将，看似红方丢车了，怎么办呢？

12.马三进五 马5进6

13.马五进三 …………

正常的选择是车四进五，黑中路补棋，红方并无所获，不曾想红方主动弃子，掀起波澜。

13.………… 马6退5

只能走士4进5，红马三进四再车8退1苦守，还能坚持。

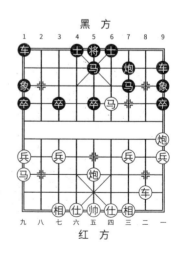

14. 马三进四　车 8 退 1　　15. 车四平八　车 2 平 1

16. 炮七平九　象 3 进 1　　17. 车八平二　车 8 平 9

18. 炮九平一　象 7 进 9（如图）

以上红方着法很有意思，把"沿河十八打"运用得非常传神，至此黑方阵型散乱，已露败象。

19. 车二进六　炮 7 进 5

打兵无奈，如马 7 进 6，红车二平三，炮 7 平 6，炮一平五，马 6 进 4，炮五进四，马 4 退 5，车二平五，黑方很难解救。

20. 车二平三　…………

再弃一车！

20. …………　炮 7 平 5　　21. 炮五进四　马 5 进 6

吃马无奈，如马 5 进 7，红炮一平五，绝杀！

22. 车三平五　车 9 平 5

垫车虽是败着，但如走其他，被红方车五平一抽车，也是丢子输定。

23. 炮一进三　…………

神来之笔！

23. …………　炮 5 退 4　　24. 相七进五　马 6 退 7

不能马 6 退 8，红炮一平五绝杀。

25. 炮一平二　马 7 进 9　　26. 炮二平三　马 9 退 7

27. 兵七进一　…………

驱动红马助战，黑方已无法防守。

27. …………　车 1 平 2　　28. 马九进七　车 2 进 4

29. 马七进五　车 2 平 5　　30. 炮三平九

以下黑方只能车 5 平 2，红炮九进二，车 2 退 4，马五进六，红方胜。